Bettina Becker

Nicht perfekt, aber brillant

– warum Frauen mit Ecken und Kanten
erst richtig strahlen

FSC

Mix

Produktgruppe aus vorbildlich
bewirtschafteten Wäldern und
anderen kontrollierten Herkünfte

Zert.-Nr. SGS-COC-1940
www.fsc.org
© 1996 Forest Stewardship Council

Verlagsgruppe Random House FSC-DEU-0100
Das FSC-zertifizierte Papier *Holmen Book Cream* für dieses Buch
liefert Holmen Paper, Hallstavik, Schweden.

Die Bibelzitate wurden, sofern nicht anders angegeben,
den folgenden Bibelübersetzungen entnommen:
– Lutherbibel, revidierter Text 1984, durchgesehene Ausgabe
  in neuer Rechtschreibung, © 1999 Deutsche Bibelgesellschaft,
  Stuttgart (LÜ 84)
– Hoffnung für alle – Die Bibel, durchgesehene Ausgabe
  in neuer Rechtschreibung, © 1986, 1996, 2002 by International
  Bible Society, USA. Übersetzt und herausgegeben durch:
  Brunnen Verlag Basel, Schweiz (Hfa)
– Gute Nachricht Bibel, revidierte Fassung, durchgesehene Ausgabe
  in neuer Rechtschreibung, © 2000 Deutsche Bibelgesellschaft,
  Stuttgart (GN)
– Revidierte Elberfelder Bibel, © 1985, 1992 R. Brockhaus Verlag,
  Witten (RE)

© 2008 Gerth Medien GmbH, Asslar,
in der Verlagsgruppe Random House GmbH, München
3. Auflage 2010
Bestell-Nr. 816 300
ISBN 978-3-86591-300-5
Umschlaggestaltung: linedesign/Ursula Stephan
Umschlagfoto: Simon S. Becker
Satz: Die Feder Konzeption vor dem Druck GmbH, Wetzlar
Druck und Verarbeitung: GGP Media GmbH, Pößneck
Printed in Germany

Für Lisa,
eine brillante Frau und Freundin.

Danke, dass du mit mir helle und
dunkle Zeiten durchlebst.
Danke, dass du nicht perfekt bist.
Danke, dass du meine Freundin bist.

Inhalt

Vorwort

„Wenn dieses Buch perfekt wird, bist du eine Lügnerin", mit diesen Worten versuche ich mir gerade Mut zuzusprechen.

Das ist leichter gesagt als getan. Soll ich wirklich ein Buch schreiben? So schwarz auf weiß, sodass hinterher Leute ankommen können und sagen: „Was hier steht, das ist aber ... nicht perfekt. Das hätte ich aber anders gemacht ... Wäre es nicht besser gewesen, du hättest ..."

Und dann? Werde ich lässig lächelnd dastehen können und sagen: „Stimmt, aber es ist brillant." Oder werde ich anfangen zu stottern und schnell nach genügend Kleingeld kramen, um den Preis des Buches zurückzuzahlen?

Hm ... wahrscheinlich erwarten Sie gar nicht, dass ein perfektes Buch vor Ihnen liegt, aber tief im Innern spüre ich, dass ich, als Autorin, diesen Anspruch doch habe. Vielleicht sollte ich es gerade deswegen schreiben.

Keine wissenschaftliche Abhandlung über das Phänomen „Perfektionismus", kein Therapie-Ersatz für Menschen, die unter Perfektionismus leiden, sondern einfach ein persönliches Buch von mir für Sie.

Ich wünsche mir, dass dieses Buch für Sie ein Brillant ist. Dass es ein Leuchten, ein Funkeln, ein Glitzern in Ihren Tag und in Ihre Seele bringt. Dass Sie es genießen, darin zu lesen, in ihm zu versinken, und zwar ohne den Druck, direkt beim Lesen alles richtig machen und umsetzen zu müssen.

Gleichzeitig wünsche ich mir für mich, dass ich es genieße, dieses Buch zu schreiben, ohne den Druck alles richtig zu machen.

O.K., also durchatmen und los geht's mit der Arbeit an einem Brillanten, den ich jetzt noch ein wenig schleife, bevor ich ihn Ihnen zeige.

Viel Spaß beim Lesen, ich bin auf Ihre Reaktion gespannt.

Ihre
Bettina Becker

Unser Wunsch nach Perfektion – woher kommt er?

Es hätte so gut werden können.
Bettina will Karriere machen.

Ich war 16 Jahre alt und hatte beschlossen: „Ich mache Karriere." Schluss mit der öden Lernerei in der Schule, endlich etwas tun für das große Geld. Ich wollte meine Zukunft selbst in die Hand nehmen. Sofort. Also beschloss ich, die Schule nach der 10. Klasse zu beenden, statt wie geplant noch drei Jahre auf mein Abitur zu warten, und eine Ausbildung zu machen: zur Industriekauffrau.

Meine Bewerbung war erfolgreich, und ich landete als jüngste Azubine im größten Betrieb meiner Heimatstadt.

Für mich war es der größte Betrieb der Welt: 2.500 Beschäftigte machten einen enormen Eindruck auf mich*. Dort wollte ich es natürlich richtig machen. Auffallen, weil ich so gut und unersetzlich arbeitete, weil ich alles perfekt machte.

Ich stellte mir bereits mein eigenes Büro mit meterlanger Fensterfront im oberen Stockwerk vor. Ich wollte bedeutende Arbeit leisten und Macht und Erfolg ergattern. Ich träumte von meiner eigenen strahlenden Karriere. So weit, so gut.

Meine erste Abteilung war die Registratur: ein Büro ohne Fenster, aber mit meterlangen Aktenschränken im untersten

---

* Ich komme aus einem Dorf mit weniger als 200 Einwohnern!!!

11

Keller, und meine Aufgabe bestand darin, den ganzen Tag nur zu archivieren und abzuheften.

Gut, *dachte ich mir, das* gehört wohl dazu, *und ließ mich von meinen Erfolgsgeheimnissen nicht abbringen: Schuhe mit Absatz, aufrechter Gang, herausforderndes Lächeln. Ich war davon überzeugt, irgendwann würde ich entdeckt werden, und bis dahin galt es, abzuheften mit Führungskompetenz – möglichst genau, möglichst perfekt.*

Eines Tages kam ein Typ in mein Büro: Ende 30, Cordhose, Religionslehrerpulli, unsicheres Lächeln. Ich war gerade bei S–Sch, als er mich ansprach:

„Na", sagte er, „und was machst du hier?"

Nachdem tagelang niemand in mein Imperium gekommen war, war mir klar: Hier kann ich proben. Wenn ich beweisen kann, wie gut ich bin, dann jetzt. Zwei Dinge waren mir an ihm sofort aufgefallen, die nun wirklich nicht perfekt waren.

Erstens: Er wusste nicht, was man in einer Registratur macht.

Zweitens: Er duzte mich. Dabei hatte ich gelernt, dass ich mit 16 das Recht hatte, gesiezt zu werden.

Zuerst habe ich ihm höflich aber bestimmt erklärt, was für Aufgaben ich in der Registratur habe.

Daraufhin fragte er weiter: „Und willst du nach deiner Ausbildung hier bleiben?"

Mit meinem Erfolgsrezept und meinem Traum von Karriere im Hinterkopf straffte ich die Schultern, sah ihn an und sagte sehr deutlich: „Weißt du (er hatte mich schließlich zuerst geduzt), ich will erst mal sehen, was die mir hier für Chancen bieten. Bisher bin ich noch nicht so überzeugt von dem Laden hier. Anscheinend gibt es hier nur so Tippsenjobs, wenn das wirklich so ist, dann bin ich weg."

Jetzt war er schweigsam und ich bemühte mich die Konversation voranzutreiben: „Und? Was machst du hier?"

Er fing an, ein bisschen herumzudrucksen und meinte, dass er seit einigen Jahren im Verkaufsbereich tätig sei.

Ich bohrte nach: „Und, noch nie an Karriere gedacht? Keine Träume? Was hält dich in dem Laden?"

Ich hatte eindeutig die Oberhand in diesem Business-Smalltalk, mein Selbstbewusstsein stieg und stieg, und ich sah mich schon als Mentorin und Förderin der Angestellten.

Schließlich sagte er: „Ach weißt du – Karriere –, bei mir sieht Karriere etwas anders aus. Meinem Vater gehört der Laden hier."

Jetzt war ich schweigsam. Sehr schweigsam.

Er lächelte freundlich, verabschiedete sich und ging.

Ich bin mir noch nicht sicher, ob es das peinlichste Erlebnis meines Lebens war, aber es liegt ziemlich weit vorne. Ich war dann auch noch etwas länger als geplant in der Registratur – nicht perfekt. Kommt Ihnen das bekannt vor? Man gibt sich die beste Mühe, versucht alles richtig zu machen, und der Schuss geht total nach hinten los.

Jetzt muss man sich natürlich nicht so dämlich benehmen wie ich. Mit ein bisschen Nachdenken hätte ich diese Situation auch galanter überstehen können, aber wie sieht es denn im Alltag aus?

Einfach nur perfekt.
Es wäre doch so schön.

Ich wäre so gerne perfekt: Ich würde gerne perfekt einparken und auch wieder perfekt ausparken, perfekt aufgeräumt haben, bevor meine Schwiegermutter kommt, die perfekte Ehefrau, Freundin, Tochter, Enkelin, Nachbarin sein, perfekte Arbeit abliefern, perfekte Geschenke machen, das perfekte Buch schreiben. Ja, genau, ich mag es nicht, wenn ich in Dingen, in die ich viel Arbeit

13

und Konzentration hineingesteckt habe, Fehler entdecke oder wenn andere sie entdecken.

Und ich muss zugeben, meistens sind es gerade die Dinge, auf die ich mich sehr konzentriere, bei denen etwas schief geht. Mein Mann ist da anders. Bei ihm gehen die Dinge schief, wenn er sich nicht auf das konzentriert, was er gerade macht. Wenn ich mich aber zum Beispiel in einem Restaurant ganz fest darauf konzentriere, dass meine Spaghetti nicht ihre schöne rote Soße rundherum verteilen, dann ... Sie wissen schon.

Keith Johnstone, der als einer der Erfinder des modernen Improvisationstheaters gilt, sagte mal: „Damals gilt, was heute gilt: Bin ich inspiriert, geht alles gut, doch versuche ich es richtig zu machen, gibt es ein Desaster." Dem kann ich nur zustimmen, sowohl im Theater als auch im wirklichen Leben.

Perfektionistische Frauen neigen ja dazu, die Wohnung aufzuräumen, bevor die Putzfrau kommt. Nun, ich war zwar bisher noch nie in der wunderbaren Lage, mir eine Putzfrau zu leisten, aber ich vermute, ich wäre eine dieser Kandidatinnen.

Wissen Sie, woran man eine perfekte Ehefrau erkennt? Wenn der Mann nachts aufsteht, um sich einen Schluck Wasser zu holen, ist, wenn er wieder zurückkommt, sein Bett bereits gemacht. Hab ich mal gelesen.

Natürlich habe ich *damit* keine Probleme (Betten machen ist aus meiner perfektionistischen Ader so ziemlich ausgeklammert), aber an wie vielen anderen Punkten bin ich immer wieder von mir enttäuscht, weil mir etwas einfach nicht perfekt gelingt. Weil ich zu viele Fehler sehe, zu viele Dinge, die ich noch besser hätte machen können.

Und das Schlimme ist: Kaum einer denkt von mir,

dass ich so perfektionistisch veranlagt bin. Kaum einer weiß, wie unsicher ich bin, wenn andere perfekt erscheinen, weil ich natürlich in jahrelanger Arbeit gelernt habe, alles mit einem netten Lächeln zu überspielen und über meine kleinen Patzer nette Witzchen zu machen. Aber so ganz heimlich, tief in mir drinnen ist da eine große Unsicherheit. (Bleibt aber unter uns, O.K.?)

Es geht immer noch etwas besser

Aber wenn man es sich richtig überlegt, ist es auch kein Wunder. Schließlich werden wir an allen Ecken und Enden zur Perfektion aufgefordert. Und es reicht ja nicht, dass wir, egal zu welcher Jahreszeit, von superschlanken, digital-zurechtgeschnittenen-glanzhaarigen-weißzähnig-lächelnden Mädels auf riesigen Plakaten verfolgt werden. Stehe ich durchgefroren im Schneematsch in dicken Stiefeln, einem noch dickeren Parka und einer Mütze, die zwar jetzt ganz niedlich aussieht, die ich aber auch unter Folter nicht von meinem Kopf nehmen würde (die Haare!!!), räkelt sie sich da oben überdimensional in sexy Dessous. Nein, das alleine reicht nicht. Dazu kommen noch abertausende von Büchern, die mir verbal das Gleiche vermitteln, wie Madame sexy vom Plakat: Du könntest noch besser sein.

Gehen Sie mal in eine Buchhandlung oder schauen Sie im Internet nach Büchern, die „perfekt" im Titel haben: Die Liste ist erschlagend!

Schon bei Amazon.de erscheinen auf einen Klick mehr als 370 Bücher über die unterschiedlichsten Lebensbereiche, die wir perfektionieren können.

Ich habe mal ein paar zusammengestellt:

- Kaffee und Espresso perfekt zubereitet
- Glamour – perfekt ausgeleuchtet
- Perfekt verführen – wie Sie Ihre Körpersprache bewusst einsetzen
- Events und Veranstaltungen perfekt organisieren
- Perfekt Servietten falten
- Perfekt in Form
- Perfekt sitzen
- Perfekt Auto fahren
- Perfekt Dressur reiten
- Schachteln und Mappen perfekt selbst gemacht
- Bücher perfekt binden
- Tücher und Schals – perfekt gebunden
- Mountainbike-Training perfekt
- CDs perfekt brennen
- Perfekt klonen
- Perfekt morden
- Perfekt Friedfisch angeln
- Das perfekt trainierte Gedächtnis
- Gartenpflanzen perfekt kombinieren
- Die perfekte Betriebsratswahl
- Perfekt digital fotografieren
- Golf perfekt
- Fußball-Coaching perfekt
- Tausend und eine Sauce perfekt zubereiten
- Perfekt schwul. Für Anfänger und Fortgeschrittene
- Perfekt Bergsteigen
- Französisch perfekt
- Aktien perfekt auswählen
- Taekwondo perfekt
- Perfekt entspannen
- Skigymnastik perfekt
- Das Plusquamperfekt verstehen

Und das ist nur eine Auswahl! Wenn Sie jetzt das Buch erschöpft weglegen, kann ich es Ihnen nicht verübeln.

Egal, was ich tue: ob ich Kaffee zubereite, Tücher binde, klone, morde oder Friedfisch angele – ich kann alles perfektionieren. Und während ich mich durch die vielen Einträge scrolle, kommen auch noch immer wieder Spam-E-Mails reingeflogen: Für die perfekte Haut, das perfekte Gewicht, den perfekten Sex, die perfekte Geldanlage. Nett gemeint, aber anstrengend.

Es ist also egal, was ich tue, egal, was ich liebe oder genieße, es gibt garantiert irgendein Buch oder eine Internetseite, die mir zeigt, wie ich genau diese Leidenschaft perfektionieren kann. Wie ich meine Inspiration in eine Übungseinheit verwandle.

Und das Dumme ist: Das reizt mich! Ich schaffe es nicht immer, bei Artikeln wie: „In zwei Tagen zur perfekten Taille" weiterzuklicken. Und wenn ich etwas gerne mache (wie zum Beispiel schreiben), ist es ja auch sehr interessant, ein Buch darüber zu kaufen, wie ich meinen Stil perfektionieren kann. Das Dumme ist nur, dass durch solche Bücher die anfängliche (naive) Leidenschaft schnell verfliegt und ich nur noch einen Wettkampf gegen mich selbst führe. Denn plötzlich sehe ich nur noch, was ich besser machen kann und meine hohen Ansprüche schlagen dahingehend um, dass schließlich der ganze Spaß mit dem Gedanken, *dann lass ich es lieber mit dem Buch, es gibt ja eh schon genug...* flöten geht.

Was beeinflusst unseren Perfektionismus?

O.K. – da sind also die Plakate, das Internet und diverse Bücher. Aber das ist ja nicht der alleinige Grund für unseren Wunsch, es nicht einfach *nur* „gut", „ganz okay" oder „geht so" zu machen, sondern perfekt. Meine Oma war zum Beispiel noch nie im Internet, liest keine Psycho-Ratgeber und hat sich mit ihrer Figur schon längst ausgesöhnt (oder vielleicht auch nicht), aber trotzdem hat auch sie ihre Bereiche, in denen sie perfekt sein will. Ob es das perfekte Kaffeetrinken für die gesamte Familie ist, die Wohnung, die immer tipptopp ist, oder ihre Sonntagskluft.

Perfektionismus ist also keine Modeerscheinung von verwöhnten Frauen unserer Zeit, nein, es kann jede treffen! Sogar Männer! Nicht zuletzt sogar Männer, aber die sind hier ja nicht die Zielgruppe (wobei ich Sie natürlich trotzdem herzlich willkommen heiße, falls sich einer von Ihnen hierher verirrt haben sollte).

Für die eine ist es also die perfekte Figur, für die nächste der perfekte Sonntagsbraten, die perfekt geputzten Fenster, die perfekte Freundlichkeit, das perfekte Verhalten ... Ganz persönlich, jede in ihrem Bereich, kämpfen wir mit unseren eigenen perfekten Ansprüchen.

Woher kommt das? Wohl nicht nur von Plakaten und aus den Medien. Ich möchte mal vier Bereiche unter die Lupe nehmen, die meiner Meinung nach einen sehr entscheidenden Einfluss auf unseren Perfektionismus haben.

Perfekt durch unsere Kultur

Wir leben in Deutschland, ein Land, dessen Perfektionismus schon legendär ist. (Schweizerinnen und Österreicherinnen dürfen jetzt trotzdem gerne weiterlesen, Sie sind schließlich gar nicht so viel anders, auch wenn Sie ein wenig anders sprechen.)

Ich selbst habe mich eigentlich nie für typisch deutsch gehalten, was übrigens den meisten Deutschen so geht. Das änderte sich allerdings schlagartig, als ich mal für einige Zeit in Indonesien war. Sehr deutlich wurde es mir beim Thema Einkaufen.

Einkaufsplanung in Deutsch und Indonesisch

Für meinen Wocheneinkauf hier in Deutschland habe ich mir mittlerweile ein gut ausgefeiltes System zugelegt: Ich schreibe meinen Einkaufszettel in der Reihenfolge der Regale, dann folge ich einer bestimmten Fährte, wie ich die Regalreihen abfahre (möglichst keinen Weg doppelt!), einem bestimmten System, wie ich meinen Einkaufswagen belade (sodass ich alles in der richtigen Reihenfolge aufs Band, wieder in den Wagen, in den Kofferraum und schließlich in den Kühlschrank lege) und was ich in welchem Laden kaufe (am liebsten alles in einem Geschäft, wenn die Preise es zulassen).

Der spannendste Moment beim Einkaufen kommt für mich aber auf dem Weg zur Kasse. Schon von weitem erkennt mein geübter Blick, wie viel da vorne los ist. Dank einer kleinen geheimen Formel (ich multipliziere die Köpfe der Anstehenden mit dem durchschnittlichen Inhalt im Wagen) schaffe ich es, mir in Sekundenschnelle auszurechnen, an welcher Schlange es schneller geht und stelle mich da an.

*Richtig aufregend wird es immer dann, wenn sich zur glei-
chen Zeit jemand an der anderen Schlange anstellt. Dann beginnt ein richtiges Kopf-an-Kopf-Wagenrennen. Ich werde
dann immer ganz nervös, wenn meine Gegnerin vor mir bei
der Kassiererin ankommt. Aber manchmal gibt es so unkal-
kulierbare Glücksfälle wie der, dass das Wechselgeld ausgeht
oder eine liebenswürdige ältere Dame (an der anderen
Kasse!) den gesamten Inhalt ihres Portemonnaies ausleert,
um die Verkäuferin nach den passenden Cent-Stücken suchen zu lassen. Tja, so ist mein Einkaufen in Deutschland.*

*Während meines Aufenthaltes in Indonesien war ich auch
einkaufen. Gemeinsam mit drei Indonesierinnen war ich in
vier verschiedenen Läden geschlagene fünf Stunden unterwegs. Es war unglaublich. Nicht, dass wir hinterher den
Wagen voller notwendiger Sachen gehabt hätten. Nein! Die
einheimischen Frauen sind in jedem Laden bestimmt fünfmal
an jedem Regal vorbeigegangen, haben die Sachen dreimal
in den Wagen rein- und wieder rausgeräumt, haben sich unendlich viel Zeit für alles genommen. Und dabei ähnelten sich
die Läden alle sehr! Ich war total verwirrt, dachte, sie hätten
alle gleichzeitig ihre Regel oder so und habe schließlich eine
der Frauen darauf angesprochen.*

*„Dee, hast du dir noch nie Gedanken darüber gemacht, dass
man auch kürzer, schneller und effektiver einkaufen kann?"*

*Ihre Antwort werde ich nie vergessen: „Effektiver? Was
meinst du damit? Wir hatten doch eine gute, lustige Zeit zusammen? Wie sollte das besser gehen?"*

*Ich war platt! Meine Definition von einkaufen (einkaufen
wohlgemerkt – nicht shoppen!) war: Es muss schnell erledigt
werden, damit ich mich dann wieder den wichtigen Dingen
zuwenden kann – wie zum Beispiel alleine an meinem
Schreibtisch sitzen und arbeiten. Das meine ich mit typisch
deutsch. Ihre Definition hingegen war: Es ist eine tolle Möglichkeit, miteinander eine gute Zeit verbringen zu können.*

Bei uns muss es schnell gehen, keine verschwendeten Kräfte oder Zeitressourcen. Aber was genau bedeutet denn „verschwendet"? Sind Sie schon mal auf die Idee gekommen, sich an der längsten Schlange einer Kasse anzustellen? Einfach, um die Zeit zu genießen, die anderen Menschen zu beobachten, vielleicht neue Leute kennenzulernen? Nein?

Willkommen im Club. Willkommen in der deutschen Kultur. Eine Kultur, die uns prägt, der wir uns meist ganz automatisch anpassen. Zurück aus Indonesien wollte ich mir das alles noch ein wenig bewahren, aber ich musste ganz schnell erkennen, wie sehr ich mich von all dem hier mitreißen lasse. Nicht nur beim Einkaufen: bei der Arbeit, im Haushalt, beim Autofahren. Die Zeit muss möglichst perfekt ausgenutzt werden. Und diese Kultur prägt uns, färbt auf uns ab.

Zeitverschwendung (was genau ist das eigentlich?) ist nicht gerne gesehen, es wird immer mehr gefordert – egal in welchem Job man ist: Die perfekte Ausbildung in möglichst kurzer Zeit, das perfekte Auftreten, das perfekte Outfit, möglichst schnell hingekriegt. Neulich habe ich sogar ein Shampoo entdeckt, das dafür sorgt, dass die Haare um 30 Prozent schneller trocknen als bei herkömmlichen Shampoos!

Geliebtes, perfektes Deutschland. In diesem Land leben wir – von morgens bis abends. Und durch alle möglichen Begegnungen oder Erledigungen werden wir daran erinnert, dass es noch besser gehen könnte.

So viel zum ersten Bereich: Unsere Kultur prägt uns.

Kommen wir zum zweiten Bereich, der unseren Perfektionismus fördert.

Perfekt durch Botschaften, die wir glauben

Im Folgenden behandele ich einen ziemlich persönlichen Bereich, denn viel tiefer in uns drin als unsere Kultur sitzen Botschaften, die wir von Menschen in unserem Umfeld vermittelt bekommen haben. Dies geschieht oft unbewusst, und zwar von unserer Familie, von Freunden, von der Kirche oder von Lehrern. Also von Menschen, die es alle ganz oft ganz gut mit uns meinten. Und so sind wir geprägt von Botschaften, die in uns stecken, die wir über unser Leben geschrieben haben, meist ohne es bewusst wahrzunehmen.

Meine wunderbare Familie

Ich bin in einer Familie aufgewachsen, in der vier Fünftel der Familienmitglieder ziemlich praktisch veranlagt und handwerklich begabt sind. Das fünfte Fünftel ist dann irgendwann Theologie studieren gegangen, reist jetzt als Rednerin und Schauspielerin durch die Gegend und schreibt Bücher – brillante Bücher.

Ich hatte gerade mein erstes WG-Zimmer bezogen und ganz stolz eingerichtet, ein Regal selbständig aufgebaut und die Wände in allen denkbaren Farben bunt gestrichen. Dann kamen meine Eltern zu Besuch. Grundsätzlich ist das ja ein Anlass zur Freude. Mein Vater kam in mein Zimmer, sah sich um, doch anstatt dass er entzückt über das geniale Gemisch aus rot-gelb-oranger Abtönfarbe an meinen Wänden jauchzte, unterzog er mein eigenhändig aufgebautes Regal einer eingehenden Prüfung. Was an sich schon unfair war, denn es hätte ja grundsätzlich bei ihm keine Chance gehabt. Das wäre in etwa so gewesen, als würde man einen Erstklässler nach binomischen Formeln fragen.

Er wackelte und quietschte also furchterregend an mei-
nem Regal herum (ein Wunder, dass es überhaupt stehen
blieb), und ich hörte ihn brummeln: „Intelligent ist sie ja,
aber was sie mit den Händen anpackt, geht daneben."

Ich weiß, dass er das nicht böse gemeint hat. Und dieser Satz
beinhaltet ja auch ein riesiges Kompliment, aber statt dass ich
mich freute, als intelligent bezeichnet zu werden, blieb bei mir
hängen: „Was sie mit den Händen anpackt, geht daneben."

Mein Fazit aus dieser Episode lautete: „Nicht gut
genug!" Fehler sind nicht erwünscht, bevor es nicht perfekt ist, lass es lieber ganz bleiben.

Ich bin bei dem Satz nicht in Tränen ausgebrochen,
kann auch nicht sagen, dass er mich tief verletzt hat,
aber ich habe ihn akzeptiert und gespeichert. Denn im
Vergleich mit den wirklich gigantischen handwerklichen
und technischen Fähigkeiten meines Vaters, mit denen
er eigene Maschinen konstruiert (ja, ich bin sehr stolz
auf ihn!), war mein Regal tatsächlich kümmerlich!

Aber, wer bitte schön sagt denn, dass ich mein Ikea-
Regal mit den Maschinen, die ein erwachsener, ausgebil-
deter, erfahrener Mensch unter höchstem technischem
Aufwand erstellt, vergleichen soll? Niemand! Niemand,
außer Bettina. Die diesen Satz speichert und weiterver-
wendet. Nicht mit bitteren Vorwürfen, nein, sondern als
Tatsache.

Deshalb habe ich, da es ja ohnehin nicht gut genug
sein wird, daneben geht, immer mehr „Sachen, die man
mit den Händen anpackt", abgegeben. Ich tat das nicht
aus Faulheit, sondern einfach weil mir klar war: Lass es
lieber. Dieses Verhalten war zwar manchmal ganz praktisch, aber leider habe ich mir damit auch die Chance genommen, aus Fehlern zu lernen und mich zu verbessern.

Erst Jahre später, bei einem neuen Umzug, hat Simon
(mein Mann) mich herausgefordert, und zwar nicht nur

ein Regal aufzubauen, sondern auch mal einen Kleiderschrank ... Sie werden es kaum glauben, aber er steht auch nach zwei Jahren immer noch. Gut, diese dünne hintere Wand hat sich an manchen Stellen etwas gelöst, der eine Regalboden ist schräg, sodass es immer wirkt, als hätten sich meine Socken hinten rechts zu einer geheimen Versammlung getroffen, wenn ich die Tür öffne, und die Schubladenklappe halte ich immer in der Hand, wenn ich sie aufziehen will. Aber, der Schrank an sich steht noch ...

Ich werde natürlich nie ein handwerkliches Genie werden! Aber es macht mir immer mal wieder Spaß, zu hämmern und zu schrauben. Und mir ist wichtig geworden, dass ich das tun darf – auch, wenn es nicht perfekt ist! Und wenn wir bald wieder umziehen, werde ich mich freudig auf Ikea-Regale und Kleiderschränke stürzen, sie bunt anmalen, zusammenbauen und tierisch stolz darauf sein. Ich muss ja nicht gerade ein ganzes Haus alleine bauen.

Das ist nur ein kleines Beispiel, wie mich ein harmloser Satz lange unbewusst begleitet hat. Wie ich mich daran habe hindern lassen, Dinge einfach mal auszuprobieren. Er hat mir so manches Mal von vorneherein den Mut genommen, Dinge auszuprobieren.

Und so gibt es noch viele, viele andere Sätze und Botschaften, die ich in mir gespeichert habe und die mich davon abhalten, einfach mal loszulegen. Botschaften, die mich hemmen, weil ich denke: *Es reicht eh nicht. Es ist nicht gut genug. Wenn, dann auch richtig. Wenn, dann perfekt.*

Verstehen Sie, was ich meine? Wir alle haben diese Botschaften in uns. Botschaften, die uns manchmal bewusst, aber meist unbewusst und ohne böse Absicht vermittelt wurden und die uns prägen.

Ich kenne eine wunderhübsche 80-jährige Frau mit

einer ganz süßen und lieben Ausstrahlung, die sich nicht fotografieren lässt, weil ihr Bruder vor zig Jahren mal gesagt hat, sie sei nicht schön genug. Das ist gelogen! Aber das hat sie für ihr Leben abgespeichert.

Welche Botschaften schleppen Sie mit sich herum? Vielleicht aus Ihrer Familie, in der Sie immer die Vernünftige sein mussten? Oder von Ihrem Lehrer, der Sachen gesagt hat wie: „Aus dir wird nie etwas!"? (Mein Mathelehrer hat mir nach so mancher Endlosdiskussion immer gesagt, dass ihm mein Mann jetzt schon leid tut – das war in der 8. Klasse!)

Es können so unterschiedliche Botschaften sein wie diese:

Mach keinen Fehler!
Sei die Beste!
Sei so wie deine Schwester!
Beeil dich!
Sei stark!
Sei nicht wütend!
Weine nicht,…

Botschaften, die uns vermitteln: So musst du sein, dann bist du okay. Das und das darf nicht passieren, denn dann bist du nicht okay. Fehler sind einfach nicht erwünscht. Am liebsten perfekt, dann meckert auch keiner – oder?

Es ist natürlich nicht so einfach rauszufinden, was für Botschaften wir denn genau gespeichert haben. Denn sie werden, wie gesagt, meist unbewusst und ohne böse Absicht weitergegeben. Aber es gibt diese Sätze, die einfach haften bleiben. Sätze, die wir nicht auf Abruf parat haben, aber die an uns kleben wie der Karamellsirup auf dem Küchenregal.

Vielleicht hören Sie bei Ihrem nächsten Perfektionismusanfall mal genau hin, wer denn da noch so spricht, und fragen mal nach, ob er oder sie mit seiner Behauptung wirklich recht hat. Und schließlich ist da noch ein dritter Bereich, aus dem unser Wunsch nach Perfektionismus häufig entspringt:

Perfekt, weil Gott uns so will?

Neben unserer kulturellen Prägung und den verschiedenen Botschaften von Menschen aus unserer Umgebung ist da auch noch diese Sache mit Gott, oder auch religiöse Vorschriften. Das betrifft die eine oder andere von uns jetzt sicher mehr oder weniger, je nach Erziehung, Hintergrund und Religion.

Aber egal zu welcher Religion wir gehören: In den meisten lernen wir etwas über einen perfekten Gott. Ein Gott, von dem man grob weiß, dass er ein perfektes, überweltliches Wesen ist, weit weg und nur schwer von mir kleinem Menschlein zu beeindrucken. Für den reiche ich nie. Er hat irgendwelche sehr, sehr hohen Maßstäbe, nimmt Fehler genau, hat aber auch nicht wirklich Ahnung, was bei uns unten so abgeht.

Manchmal ist mir da die griechische Mythologie ganz sympathisch, weil die darin beschriebenen Götter so viele menschliche Züge an sich haben – sie kämpfen, gewinnen, verlieren, werden bestraft, heiraten, sind eifersüchtig, zeugen Kinder. Aber auch da muss man immer aufpassen, dass man nicht einen dieser zig Götter zufällig erzürnt und eine ganze Menge Probleme auf sich herabbeschwört. So wie Odysseus, der zwar intelligent war (und auch etwas mit den Händen anpacken konnte), der die Gunst einiger Götter hatte, aber andere wiederum gegen sich aufbrachte und damit genug Probleme hatte. Die perfekte Gottheit, mit hohen Maßstäben, für die wir nie reichen.

Fromme Karriere mit hohen Ansprüchen

Ich bin christlich aufgewachsen und kannte alle Geschichten über Weihnachten und Ostern, Kreuz und Auferstehung. Ich war getauft, ging in den Gottesdienst und bemühte mich, es Gott zumindest halbwegs recht zu machen. Denn schließlich hatte er ja so viel für mich getan, da wollte ich ihm ein bisschen davon zurückgeben. Ich erinnere mich noch gut an ein Bild, das den gekreuzigten, blutüberströmten Jesus zeigte, der mich mit traurigen Augen ansah, und darunter stand: Das habe ich für dich getan – und was tust du für mich?

Puh, was für eine Herausforderung. Jesus selbst hat das so nie formuliert, aber irgendwie hörte es sich sehr fromm, aufopferungsvoll und dramatisch an. Also, was konnte ich für ihn tun?

Nun, da ich wenig Möglichkeit und Sinn darin sah, mich auch für Jesus kreuzigen zu lassen, wusste ich: So viel wie er kann ich eh nicht geben. Deshalb bemühte ich mich wenigstens, seine Gebote zu halten, möglichst nett zu sein, aber immer mit dem Beigeschmack: Es reicht nicht. Immer mit dem schlechten Gewissen: nicht gut genug. Immer mit dem Druck: Eigentlich könntest du doch noch mehr geben, oder? Wenn du wirklich dankbar bist, dann…

Für einen perfekten Gott muss man permanent perfekt sein. Das ist sehr anstrengend, und es führt meist dazu, dass wir uns in der Gegenwart eines solchen Gottes oder seiner Nachfolger noch schlechter fühlen, als wir es eh schon tun. Ich mochte die Gemeinde und die Menschen darin, aber in

mir war immer dieser kleine Antreiber: Los, tu noch mehr!
Los, dein Bestes ist noch lange nicht gut genug.

Und dann kamen diese Momente, in denen ich das Beste
gar nicht geben wollte. Dann kamen diese Momente, in
denen ich den Druck nicht mehr aushalten wollte und es mal
ausprobiert habe, wie es ist, ganz bewusst und mit voller Ab-
sicht „zu sündigen". Mal ganz trotzig gar nichts zu geben,
gar nichts für diesen Gott zu tun.

Das habe ich natürlich keinem so direkt gesagt, denn ich
konnte mir die Reaktion und die Antworten sehr gut vorstel-
len.

Es war diese Sache mit Gott, oder mit dem Bild, das ich
mir von Gott aufgebaut hatte, die es mir nicht gerade leichter
gemacht hat, zu entspannen. Wobei das Wort „Entspan-
nung" ohnehin nicht wirklich zu meinem frommen Vokabu-
lar gehörte.

Jetzt bin ich natürlich keine Fachfrau im Bereich jegli-
cher Religionen, aber was ich von meinem Standpunkt
heute sagen kann, ist, dass es fast egal ist, welche Religion wir unter die Lupe nehmen. Religion vermittelt
häufig: Hier ist ein Rahmen, nach dessen Maßstäben du
für einen perfekten Gott zu leben hast. Fehler sind nicht
erwünscht. Ungenügend. Bleib demütig. Kein Grund zur
Entspannung.

Für einen perfekten Gott musst du permanent perfekt
sein.

Kultur, Familie, Glaube – all das prägt uns, und all
diese Anforderungen legen einen unheimlich hohen
Druck auf uns. Aber ich möchte im Folgenden noch auf
einen vierten Antreiber zum Perfektionismus eingehen.

Perfekt, weil wir uns nach Liebe sehnen

Natürlich können wir jetzt diese Zeilen überfliegen und ganz sachlich erklären: Ja und? So deutsch bin ich nicht, ich bin ein erwachsener Mensch, der nicht mehr von den Botschaften und der Meinung anderer abhängig ist, und ich habe meine eigenen Vorstellungen von Gott. Schön wär's, aber wenn wir so selbstbewusst wären, würden wir sicher nicht nach diesem Buch greifen.

Und ich merke, dass ich es im Alltag leider selten schaffe, die Dinge aus einer gesunden Distanz zu betrachten. Mein Kopf und mein Herz reagieren meist anders, als ich es mir vorstelle oder vornehme.

Denn anstatt dass wir vor der sexy Lady auf dem Plakat stehen, zurückgrinsen und stolz an unseren letzten Einkauf denken, weil wir (dank der neuen, wieder etwas weiteren Mode) wirklich einen wunderschönen Pulli ergattert haben, der die richtigen Stellen kaschiert und die anderen etwas aufpeppt, denken wir: *Hoffentlich bin ich genauso schön wie die.* Und wenn nicht, kommen Gedanken auf wie: *Warum bin ich nicht so? Wie komme ich dahin? Warum habe ich so viele Fehler an mir? Warum ist die so viel schöner? Ich will auch so aussehen. Dann ...*

Ja, was dann? Dann finde ich endlich einen Freund? Dann kann ich mich beim Sex endlich gehen lassen? Dann kann ich mit genug Luft zum Atmen am Strand liegen, weil ich nicht ständig den Bauch einziehen muss? Dann kann ich endlich die tollen Klamotten anziehen, in denen ich wirklich attraktiv aussehe? Dann bin ich endlich geliebt?

Oder ein anderer Bereich unseres Lebens: das Aufräumen. Wir schaffen es vielleicht noch zu sagen: „Kommt rein, auch wenn es chaotisch ist." Wobei wir diesen Satz meist sagen, wenn wir es geschafft haben, dass unsere Gäste nur noch einen Bruchteil des wirklichen Chaos' sehen – den Rest haben wir unter Aufbietung aller Kräfte verstaut, weggeräumt, zerstört, vernichtet – nur um nicht mit der Blöße dazustehen, dass es bei uns wirklich manchmal sehr chaotisch und dreckig ist. Aber was, wenn die mal die Realität sehen würden: *Was denken die denn dann über mich? Bin ich dann noch gut genug? Bin ich dann noch geliebt?*

„Dann bin ich nicht mehr geliebt." Ist dieser Satz zu krass? Ja, er ist zu krass. Denn natürlich bin ich dann noch geliebt, und natürlich wird eine Freundschaft nicht daran zerbrechen. Das wissen wir ja. Aber leider ist dieser Satz nur allzu wahr. Einer der häufigsten Gründe, warum wir perfekt sein wollen, ist der, dass wir geliebt sein wollen. Dass wir uns danach sehnen, von anderen Menschen anerkannt und geachtet zu sein. Von ihnen geliebt zu sein. Und wir wollen es den Menschen um uns herum so leicht wie möglich machen, uns zu lieben.

Wir wollen ihnen keinen Grund geben, uns abzulehnen oder auch nur schlecht über uns zu denken, geschweige denn zu reden. Und so haben wir schnell das Denken in uns, uns durch Fehlerlosigkeit diese Liebe zu verdienen. *Wir verwechseln Perfektionismus mit Liebenswürdigkeit.* Im Grunde geht es gar nicht darum, dass die Leute denken sollen, wir hätten keine Fehler. Ich glaube, dazu sind wir viel zu realistisch. Aber sie sollen uns lieben. Und wir glauben, dass es leichter ist, uns lieb zu haben, wenn wir nur gut genug sind.

Ich selbst merke, dass ich immer dann am perfektesten sein möchte, wenn ich unsicher bin. Alleine mit meinem Mann, bei wirklich ganz, ganz engen Freunden oder meinen Eltern, da entspanne ich mich, da bin ich, wie ich bin. Aber wehe, es kommt Besuch: Da wird aufgeräumt, was das Zeug hält. Und wehe, ich habe von diesem Besuch eine hohe Meinung und weiß nicht genau, was er von mir denkt, dann will ich auf keinen Fall einen Fehler machen. Dann wäre ich gerne perfekt: Die perfekte Gastgeberin, die perfekte Angestellte, die perfekte Rednerin, die perfekte Freundin ...

Und wieder gilt: Je mehr ich mich darauf konzentriere, etwas möglichst perfekt zu tun, desto eher geht es daneben.

Ein kleiner Perfektionismustest

So, jetzt mal eine kleine Abwechselung. Dieser kleine Perfektionismustest macht am meisten Spaß, wenn man ihn mit mehreren macht. Also vielleicht beim nächsten gemeinsamen Frühstück, Cocktailabend oder Kaffeekränzchen mit Freundinnen, die man schon länger kennt.

Es geht darum, dass wir uns selbst und die anderen einschätzen – natürlich bezüglich unseres mehr oder minder vorhandenen Hangs zum Perfektionismus. Und zwar funktioniert der Test so, dass zunächst der ersten Dame die erste Frage gestellt wird. Diese schätzt sich dann heimlich ein – wählt eine Zahl zwischen 1 und 10. 1 bedeutet ganz niedrig, 10 ganz hoch. Hat sie sich festgelegt, dürfen die anderen sich miteinander beraten und sich ebenfalls auf eine Zahl festlegen. Schließlich lüftet Dame 1 das Geheimnis, und wer am nächsten dran war, hat gewonnen. Dann ist die nächste Dame mit der nächsten Frage dran. Dieser Test bringt eine Menge Spaß und eine Menge Diskussionsstoff! Sie können sich natürlich auch gerne noch weitere Fragen ausdenken. Ich habe hier nur neun zusammengestellt, damit der Test übersichtlich bleibt und nicht zu lange dauert.

Bereit?

1. Wie hoch ist die Wahrscheinlichkeit auf einer Skala von 1 bis 10, dass _____ jemanden darauf aufmerksam macht, wenn er oder sie Mundgeruch hat?

2. Wie stark auf einer Skala von 1 bis 10 trifft folgende Eigenschaft auf _____ zu: Pünktlich.

3. Wie zufrieden ist _____ auf einer Skala von 1 bis 10 mit ihrer Figur?

4. Wie sehr passt folgender Ausspruch zu _____ : „Wer schneller lebt, ist eher fertig."?

5. Wie hoch ist die Wahrscheinlichkeit, dass _____ sich heute schon mehr als zweimal umgezogen hat?

6. Wie stark auf einer Skala von 1 bis 10
   trifft folgende Eigenschaft auf
   _____ zu:
   Rasante Autofahrerin.

7. Wie zufrieden ist _____
   auf einer Skala von 1 bis 10 mit ihrem Haushalt?

8. Wie hoch ist die Wahrscheinlichkeit,
   dass _____ zustimmen würde,
   wenn sie einen Tag lang mit Angela Merkel
   tauschen dürfte?

9. Wie hoch ist die Wahrscheinlichkeit,
   dass _____ schon einmal
   für ein Verbrechen bestraft wurde?

Perfektionismus ist gefährlich

Das Traurige an der ganzen Geschichte ist, dass unser Perfektionismus nicht bei solch peinlichen Erlebnissen im Büro oder Restaurant stehen bleibt, sondern dass Perfektionismus wirklich gefährlich ist. Gefährlich für unsere Gesundheit, unsere Beziehungen, unsere Entwicklung und unsere Seele. Ich selbst bin hier an so manchen Punkten ziemlich geschliffen worden. Deswegen jetzt ein kurzer Blick auf die vier Bereiche, in denen der Wunsch, immer perfekt sein zu wollen, einiges zerstören kann – manchmal für immer.

Perfektionismus gefährdet unsere Gesundheit

Perfektionismus ist gefährlich für unsere Gesundheit. Studien haben gezeigt, dass Perfektionismus Depressionen fördert. Es ist auch ganz logisch, dass ich irgendwann an mir selbst verzweifle, wenn immer wieder das Gefühl in mir hochkommt: Ich habe versagt. Ich schaffe es nicht. Ich reiche nicht. Ich bin nicht gut genug. Eine Perfektionistin muss immer wieder gegen sich selbst ankämpfen, gegen ihre eigenen Vorwürfe, gegen ihr eigenes Versagen. Da helfen auch die gut gemeinten Ratschläge anderer nicht, egal ob ganz ernst gemeint: „Ich liebe dich, so wie du bist – mit deinen Fehlern", oder in Form der Freundinnen-Lüge: „Zugenommen? Höchstens ein bisschen, aber bei dir verteilt es sich ganz gut."

Freunde können Perfektionistinnen stärken und auffangen, deshalb ist es ganz wichtig, dass wir Freunde und Freundinnen haben, die uns Mut machen, bei denen wir sein können, wie wir sind. Doch entscheidend ist, dass wir selbst uns die Erlaubnis geben, nicht perfekt sein zu müssen. Sonst sind bald Depressionen vorprogrammiert. Sonst sehen wir uns als ständige Versager und trudeln so auf der Spirale immer weiter nach unten.

Perfektionismus schadet unserem Körper

Ein ganz beliebtes Thema für Frauen, die nach Perfektion streben, ist die Figur. Schon lange betrifft das Thema „Essstörungen" ja nicht mehr nur Teenager-Mädchen, deren Körper sich gerade entwickelt, sondern jede Menge erwachsene, selbstbewusst wirkende Frauen, die ihre Gesundheit und ihren Körper zerstören, um einem perfekten Idealbild zu entsprechen. Der Gedanke herrscht vor: „Lieber dünn und krank, als dick und gesund."

Ich weiß, wovon ich schreibe. Es fing schleichend an, und natürlich willst du keinem davon erzählen, denn schließlich hast du oft genug mit Freundinnen darüber geredet, wie *dumm* es ist, dass Frauen sich so etwas antun. Und plötzlich steckst du selbst in der Falle, es ist dir in deinem Alter irgendwie peinlich, aber du kommst auch nicht davon los. Zu stark sind die Bilder, die dir vorgesetzt werden, zu groß der Wunsch, doch selbst auch so auszusehen. Zu tief sitzen kleine Kommentare von Menschen, die dir etwas bedeuten.

Es gibt ja die unterschiedlichsten Arten von Essstörungen, und es muss nicht immer gleich Magersucht oder Bulimie sein. Längst wird auch die so genannte Sportsucht immer mehr unter die Lupe genommen, die gerade bei Frauen häufig mit anormalem Essverhalten gepaart ist. Und auch immer mehr Männer sind mittlerweile von der Sportsucht betroffen, von dem Wunsch nach mehr Muskelmasse und einem dem gängigen Schönheitsideal entsprechenden Körper getrieben.

Ich gehe gleich noch intensiver auf die Gefahr des Perfektionismus für unsere Beziehungen ein, aber wo wir gerade beim Thema sind:

Ich habe eine wunderbare (brillante) Freundin, mit der ich einst in einer WG lebte. Silvi und ich waren uns in manchen Punkten ziemlich ähnlich – in manchen auch gar nicht. Wir hatten zumindest einen gemeinsamen Wunsch: Abnehmen – was für ein Wunder bei zwei Frauen Anfang 20. Wir haben zwar nicht oft darüber gesprochen, aber uns gegenseitig umso mehr beobachtet. Unabhängig voneinander hatten wir beide beschlossen, abzunehmen und konkret sah das so aus: Etwas mehr Sport und etwas weniger essen. Keine schlechte Idee, die sogar funktionierte. Doch schon bald wurde daraus: Noch mehr Sport und noch weniger essen. So ging es dann weiter.

Dazu kam, dass wir in der anderen einen ständigen Vergleich hatten. Hat sie nichts gegessen, habe ich natürlich auch nichts gegessen. Ist sie eine Stunde joggen gegangen, habe ich versucht, eineinviertel Stunden zu laufen, was sie natürlich am nächsten Tag wieder überboten hat, was wiederum ich am nächsten Tag oder auch am gleichen Abend erneut überboten habe und so weiter. Na ja, Sie können sich ausrechnen, wie sich das gesteigert hat. Das Abnehmen funktionierte, und am Ende waren wir sportlich, dünn – was uns allerdings nicht wirklich bewusst war – hatten einiges Geld in der WG-Kasse – wir mussten ja kaum noch Essen kaufen – und versuchten möglichst das Thema nicht anzusprechen.

Irgendwann war die WG-Zeit mit Silvi vorbei, sie ging zurück nach Hause, ich ins Ausland zu einem Praktikum, und erst da, mit einigem Abstand ist uns beiden langsam geworden, was in dieser Zeit passiert ist. Damit war natürlich nicht alles auf einmal gut, aber wir haben angefangen, darüber zu reden und uns zu schreiben. Auf Entfernung ist so etwas ja immer leichter. Und schließlich konnten wir beide erleben: Heilung ist möglich. Auch wenn es ziemlich anstrengend sein kann und gnadenlose Ehrlichkeit erfordert.

In einer E-Mail schrieb Silvi letztens: „Diese ‚Ess- und nicht-Esszeit' hat zu unserem Leben dazugehört. Man will nur ein paar Kilos abnehmen und schon rutscht man in etwas hinein, was man nicht mehr steuern kann."

Es geht tatsächlich so schnell, und es ist wirklich gefährlich. „Reinrutschen" ist ein sehr schönes passendes Wort für die ganze Sache. Anfangs macht es Spaß, dann geht es schneller und schneller, und irgendwann kann man es nicht mehr stoppen. Ich bin sehr dankbar, dass wir beide doch noch Halt gefunden haben. Aber das hätte auch ganz anders ausgehen können.

Perfektionismus brennt uns aus

Depressionen und Essstörungen können das Resultat sein und nicht zuletzt das wunderschöne Wort: Burn Out – ausgebrannt sein. Einfach nicht mehr können, kraftlos am Ende. Ein Zustand, in den man geraten ist, weil man für eine Sache so leidenschaftlich Feuer und Flamme war, alles richtig, es allen recht machen wollte und dabei seine eigenen Grenzen einfach niedergerissen hat. Eine Zeit lang kann dies auch wunderbar funktionieren, es gibt Lob und Anerkennung, man selbst fühlt sich gut, bis zu diesem einen Zeitpunkt, an dem plötzlich gar nichts mehr geht. Bis zu dem Zeitpunkt, wo man nur noch weinend in einer Ecke sitzt und man keinen Menschen ertragen kann.

Auch hier habe ich mir (nicht nur) die Finger verbrannt, obwohl mich Freunde und Familie gewarnt haben. Sätze wie: „Mit dem Tempo kommst du nicht weit", habe ich natürlich nicht ernst genommen, denn ich liebte dieses schnelle Tempo und war stolz, mehr zu leisten als andere. Tja, das hat aber nicht lange funktioniert.

Gott sei Dank war es noch früh genug, ich konnte drei Monate lang aussteigen und mit viel Unterstützung von lieben Menschen dann wieder langsam anfangen. Allein die Erfahrung, in diesen drei Monaten viele Termine absagen und Menschen enttäuschen zu müssen, war sehr hart – und dann zu erleben, dass all diese Veranstaltungen auch ohne mich wunderbar funktionierten, war ein riesiger Augenöffner! Es geht auch ohne mich.

Ich habe viel gelernt, allerdings nicht genug fürs Leben, denn ein Burn Out ist keine Kinderkrankheit wie Windpocken, man hat sie einmal und dann nie wieder. (Deswegen fand ich es damals an meinem ersten Windpocken-Tag auch supertoll, dass ich sie hatte, denn ich wusste: Jetzt habe ich es bald hinter mir!)

Nein, ein Burn Out heilt nicht für alle Zeiten.*

Und ich sehe, dass ich immer wieder in der Gefahr stehe, zu viel zu perfekt machen zu wollen. Egal, ob in

---

* Ein super Buch zu dem Thema ist „Gott braucht keine Helden" von Magnus Malm, Brockhaus Verlag. Edition Aufatmen, Oktober 1997

meiner Arbeit, im Privaten, in Fortbildungen oder ob ich dieses Buch schreibe.

Ich habe zwar mittlerweile gelernt, ein paar Warnzeichen besser zu erkennen, wie zum Beispiel auf meinen Körper zu hören, seine Signale wahrzunehmen und ihm auch mal Ruhe zu gönnen, wenn er danach schreit. Und ich habe auch gelernt, dass es wichtig für mich ist, dass ich Dinge einfach nur für mich tun darf. Dinge, die mich vergessen lassen, wie „wichtig ich für diese Welt bin".

Aber ich fürchte, ich muss noch viel mehr lernen. Und ich stehe in einem Prozess, in dem ich mir immer wieder sagen muss: Du musst nicht perfekt sein. Du darfst deine Grenzen kennen und auch schätzen lernen.

In Psalm 147,14 steht: „Er schafft deinen Grenzen Frieden." Für mich waren Grenzen immer etwas, das es zu überwinden galt – und manchmal ist das ja auch gut. Aber manchmal ist es auch tödlich.

Perfektionismus ist gefährlich, gefährlich für unsere Gesundheit.

Und wenn Sie noch etwas mehr Zeit auf dieser Erde erleben wollen, sollten Sie öfter mal auf die Bremse treten.

Nicht perfekt zu sein, ist wunderbar. Immer wenn wir uns erlauben, nicht perfekt sein zu müssen, sind wir schon um Klassen besser.
Ute Lauterbach (*1955)*

* Ute Lauterbach, Spielverderber des Glücks, Kösel-Verlag, München

Perfektionismus macht einsam

Und wenn Sie auf dieser Erde noch etwas mehr Zeit mit Ihren Freunden verbringen wollen, sollten Sie erst recht auf die Bremse treten. Denn Perfektionismus ist nicht nur für unsere Gesundheit sehr gefährlich, sondern auch für unsere Beziehungen. Perfektionismus isoliert. Wenn wir uns die Abschnitte oben noch einmal genau anschauen, ist das auch ganz logisch: Depressiven Menschen fällt es sehr schwer, Freundschaften zu leben. Essstörungen oder auch Sportsucht führen dazu, dass wir uns nur um uns selbst drehen, nicht mehr ehrlich sind, so wie ich damals in der WG, und ein Burn Out kann uns total von allen abkapseln. Aber es fängt nicht erst an, für unsere Beziehungen gefährlich zu werden, wenn wir die Negativfolgen am eigenen Leib erleben. Nein, perfekte Menschen sind an sich schon unerträglich.

Denken Sie mal an Ihre beste Freundin: Ist sie perfekt? Wahrscheinlich nicht. Und wenn sie es wäre, könnte sie dann noch Ihre Freundin sein? Wahrscheinlich würde auch das sehr schwierig werden. Ich zumindest will keine perfekte Freundin. Das wäre mir viel zu anstrengend!

Stellen Sie sich vor, Sie sitzen da, erzählen Ihrer Freundin von einem Problem (Figur, Job, Beziehung, Schwiegereltern, Sex ...), und sie sitzt da – perfekt gestylt, entspannt, glänzende Haare, durchtrainiert – und sagt mit einem bezaubernden Lächeln: „Du Arme. Ja, ich habe schon davon gelesen, dass es Menschen gibt, die damit Probleme haben."

Das ist doch furchtbar! Unerträglich! Das ist keine Freundin! Das ist eine Zumutung! Die gehört auf ein Plakat, aber nicht in mein Wohnzimmer!

Ich will keine perfekten Freundinnen. Ich wünsche mir Freundinnen, die auch scheitern, die meine Verletzungen verstehen, in deren Beziehungen auch nicht immer alles toll und schön ist, bei denen der Sex auch nicht immer auf Wolke 7 und acht Mal pro Woche stattfindet, die auch zickig sind, wenn sie ihre Tage haben! Ich will eine Freundin, die genauso leidet wie ich! Die mit mir leidet und sich mit mir freut, die mit mir das Leben lebt, wie es nun mal ist!

Denken Sie mal an Pippi Langstrumpf: Hätten wir auch nur einen Film von ihr angeschaut, wenn sie ein perfektes, braves kleines Mädchen gewesen wäre? Nein, nicht einen. Freundinnen sollen und dürfen nicht perfekt sein. Wir lieben ihre kleinen Fehler und Macken und sind dafür dankbar!

Aber warum wollen wir dann perfekt sein? Wen wollen wir damit beeindrucken? Wen wollen wir damit gewinnen? Neue Freundinnen bestimmt nicht. Einen Mann? Keine Chance. Vielleicht ein paar Verehrer oder Verehrerinnen, die uns bewundern und viele, viele Neiderinnen. Alles, was wir erreichen, ist die Aufmerksamkeit von Frauen, die uns früher oder später aus dem Weg gehen werden – wenn sie schlau sind.

Perfektion ist unerträglich und zerstört Beziehungen. Perfektionismus macht einsam. Wir wollen Menschen in unserer Nähe, die nicht perfekt sind, hören wir also auf, uns selbst darum zu bemühen.

Wolfgang Reus, ein deutscher Journalist, sagte mal zu diesem Thema:

*Nur einmal vorgestellt, es gäbe Menschen, die perfekt wären: Ich glaube nicht, dass Menschen Menschen lieben könnten, die perfekt sind … ** *

* in Zeitzeugnisse

Wenn also unser eigentliches Ziel darin liegt, geliebt zu werden, erreichen wir mit unserem Perfektionismus letztendlich nur das Gegenteil. Denn eine Freundschaft ist sicher etwas perfekter, wenn die Freundin etwas unperfekter ist.

Vielleicht kennen Sie das ehrlichste Gebet einer Frau: „Herr, wenn du mich schon nicht schlank machst, dann mach meine Freundin bitte fett." Da steckt viel Wahres drin, oder? Wir wollen keine perfekten Freundinnen. Gerade das Nicht-Perfekte macht sie doch so nahbar.

Ich erlebe dies immer wieder, wenn ich als Rednerin unterwegs bin. Eigentlich bin ich vor einer Veranstaltung immer nervös. Und wenn ich nervös bin, muss ich aufs Klo.

Als ich mich vor einem Vortrag wie üblich auf den Weg zur Toilette machte, rief eine gutgelaunte Zuhörerin hinter mir her: „Na, wollen Sie die Aufregung wegspülen?"

„Ja", gab ich zu, „aber meist kommt die wieder mit hoch."

„Egal", sagte meine selbsternannte Ermutigerin, „genau das macht Sie doch sympathisch."

Das war mir vorher noch nicht so bewusst gewesen. Aber ich muss ihr Recht geben. Wenn ich in einem Vortrag oder Theaterstück sitze und dem Redner vorher eine gewisse Aufregung abspüre, freue ich mich. Denn es zeigt mir, dass er Respekt vor mir hat, dass ihm meine Meinung wichtig ist, und es macht ihn für mich sehr nahbar.

Perfekte Menschen sind nicht nah.

Perfekte Menschen sind unerträglich.

Perfektionismus ist gefährlich, denn er isoliert uns.

Perfektionismus lähmt

Und wenn wir mal genauer darüber nachdenken, ist Perfektionismus auch gefährlich für unsere Entwicklung. Denn Perfektion bedeutet Stillstand. Wenn ich perfekt bin, geht es nicht mehr weiter. Was will ich dann noch lernen?

Die Autorin Christa Schyboll hat einmal gesagt:

Sobald man einen Moment als perfekt erlebt, kann der nächste Moment nur ein Rückschritt sein. *

Das Wort „perfekt" bedeutet: vollendet. Wir nutzen es in unserer schönen deutschen Sprache und bezeichnen mit dem grammatikalischen Begriff des Perfekt den Aspekt der punktuellen, vollendeten Handlung, die in der Vergangenheit abgeschlossen wurde, zum Beispiel in Sätzen wie: „Er hat gegessen. Er ist mit dem Essen fertig." Sie sagen aus, dass etwas zu Ende, abgeschlossen ist.

Das Imperfekt (oder auch Präteritum) dagegen drückt aus, dass eine Handlung zum Erzählzeitpunkt noch nicht abgeschlossen ist: „Er aß" – also: „Er war gerade dabei zu essen, als …"

Perfekt ist abgeschlossen, voll-endet. Etwas ist zu Ende. Demnach ist es doch schade, perfekt zu sein, oder? Lieber bin ich dann Imperfekt – noch nicht abgeschlossen und damit frei, mich weiterzuentwickeln. Denn wenn ich voll-endet bin, ausgelernt habe, ist es nicht mehr möglich, mich weiterzuentwickeln. Besser geht's nicht.

Winston Churchill hat in diesem Zusammenhang einmal gesagt: „Perfektion ist Lähmung." Und gelähmt sein wollen wir ja auf keinen Fall. Wir wollen nicht starr,

* www.aphorismen.de

stumpf und unbeweglich sein. Vielmehr wollen wir uns verändern, wollen flexibel und beweglich sein. Nicht abgeschlossen und zu Ende.

Es ist sehr interessant, was vor einigen Jahren in der Musikszene passierte: Als die ersten Rhythmusmaschinen, diese automatischen Schlagzeuge, die heute in jeder elektronischen Orgel eingebaut sind, auf den Markt kamen, wurden sie zunächst nicht akzeptiert. Ihr Beat machte die Spieler verrückt und die Zuhörer aggressiv. Es dauerte einige Zeit, bis man merkte, woran es lag: Sie waren zu perfekt. Die Schläge waren zu gleichmäßig. Kein Mensch schlägt so. Erst als kleine Unregelmäßigkeiten, Abweichungen und Fehler in die Beats eingebaut wurden, klangen die Computerrhythmen wieder menschlich und konnten ihren Siegeszug antreten.

Perfektion ist unerträglich und macht aggressiv.

Perfektion ist Lähmung.

Perfekt ist abgeschlossen und voll-endet, gefährlich für Frauen, die beweglich bleiben wollen.

Perfektionismus bedroht

Eine letzte Gefahr möchte ich nicht unerwähnt lassen: Perfektionismus ist gefährlich für unser Herz, für unsere Seele. Ich habe sie schon erwähnt, die Sache mit Gott. Die Gefahr, dass ich mich durch die Religion in Gottes Gegenwart noch schlechter fühle, als ich es eh schon tue. Dass ich mich und mein Herz verurteile und meine, für ein religiöses System besser sein zu müssen.

So nach dem Motto: Wenn ich mich nur genug anstrenge, werden Gott und seine Anhänger schon zufrieden mit mir sein. Wenn ich mich nur richtig benehme, habe ich vielleicht Glück und kann einen impulsiven, unberechenbaren Gott besänftigen und ziehe nicht seinen Zorn auf mich. Am besten halte ich mich schön still, zahle Kirchensteuern, bin freundlich und tue jeden Tag eine gute Tat, dann kann ich meine Seele schon irgendwie retten.

Wenn ich nur nicht negativ auffalle, wird er sicher nicht so streng mit mir sein. Wenn ich nur genug in der Bibel lese, nur genug bete, nur brav in eine Kirche oder Gemeinde gehe, spende, Gutes tue … Hoffentlich hat Gott genug anderes zu tun, dass ich ihm gar nicht erst auffalle.

Das ist so ähnlich wie früher in meinem Französischunterricht. Am besten war es, man kam meinem Französischlehrer gar nicht erst in die Quere. Man sollte möglichst weder in der ersten noch in der letzten Reihe sitzen, nicht während der Stunden aufs Klo gehen und nicht dazwischenquatschen und sich vielleicht ein-, zweimal pro Stunde melden, dann fiel man weder auf, weil man den Unterricht boykottierte noch, weil man besonders auf Französisch stand. Im breiten Mittelfeld mitschwimmen war die Devise, und er wird dich schon nicht beachten.

Genauso machen wir es oft mit Gott: Wir schwimmen im breiten Mittelfeld mit, damit er uns nicht beachtet, und glauben, durch unsere ein, zwei Meldungen sorgen wir auf jeden Fall für eine Versetzung. Das ist Religion, und das ist gefährlich.

Ich will jetzt gar nicht über das Himmel-und-Hölle-Prinzip reden, nein, es geht mir um unser Herz jetzt und hier. Religion ist ein altbewährtes Mittel, uns daran zu hindern Gott wirklich kennenzulernen, und zwar einen Gott, der nicht nur darüber entscheidet, ob ich gut oder böse, richtig oder falsch bin, sondern einen Gott, dem es um mein Herz geht.

Herbert Grönemeyer singt in seinem Lied *Ein Stück vom Himmel*: „Religionen sind zu schonen, sie sind für

Moral gemacht." Ich stimme mit ihm überein, dass wir in unserer Welt viel mehr Moral brauchen und dass Religionen sicher einiges dazu beitragen können. Aber keine Moral macht unser Herz lebendig. Wir können hochmoralisch sein und dennoch nicht lebendig.*

Eine perfekte religiöse Moral kann für unser Herz sehr gefährlich werden. In dem Moment, in dem ich (ich habe schon früher davon erzählt) mal bewusst eigene Wege gegangen bin, bei den religiösen Dingen bewusst nicht mehr mitgespielt habe, habe ich erfahren, dass es einen Gott gibt, dem es um mich, um Bettina, geht. Einen Gott, der nicht darauf aus ist, zu kontrollieren, wie ich mich benehme, sondern einen Gott, der sich meine Nähe wünscht. Ein Gott, der sagt: „Die Liebe ist das Größte." Ein Gott, der die Liebe sogar über den Glauben stellt.**

Das ist der Gott, den ich kennengelernt habe und den ich auch in der Bibel finde.

Ich weiß, dass gerade der Gott der Bibel oft anders dargestellt wird. Aber ich habe ihn als einen Gott erlebt, der sagt: Es geht mir um dich, um dein Herz. Es geht mir darum, dass du so, wie du bist, bei mir bist. Es geht mir darum, dass du mit deinen ganzen Wünschen, Träumen und Sehnsüchten zu mir kommst. Du musst nichts tun, um zu mir zu kommen. Du musst nicht perfekter, besser, gehorsamer sein, bevor du mich kennenlernen kannst.

---

* Shane Clairborne, Ich muss verrückt sein, so zu leben, Brunnen-Verlag, 2007 (S. 242). Unbedingt lesen!!!

** z.B. der Apostel Paulus in 1.Kor. 13,13: Nun aber bleiben Glaube, Hoffnung, Liebe, die Liebe aber ist die größte unter ihnen.

Ich lese diese Worte, diese Sätze in der Bibel, aber ich spüre auch, wie mein Wunsch nach Perfektion sie wieder verdrehen will. Wie mein Perfektionismus mich verurteilt und mir wieder und wieder einreden will: Eigentlich bist du viel zu schlecht für Gott.

Perfektionismus ist gefährlich, denn er wird schnell zu einer Religion, die das Bild von einem perfekten, anspruchsvollen Gott dazu missbraucht, mein Herz gefangen zu nehmen. Dabei hat er doch etwas so viel Besseres, Schöneres, Liebevolleres für mich bereit. Dabei geht es ihm doch um mein Herz.

Ich glaube, es wird klar, wie gefährlich Perfektionismus ist: Gefährlich für unsere Gesundheit, für unsere Beziehungen, für unsere Entwicklung und für unser Herz. Was können wir also tun?

So manche Frauenzeitschriften raten in diesem Zusammenhang: „Mach doch mal bewusst etwas falsch, und du wirst sehen, ist gar nicht schlimm." Nette Idee, aber ehrlich gesagt, brauche ich mir gar nicht erst so etwas vorzunehmen, es passiert ohnehin schon genug, das nicht perfekt ist, mit dem ich gut beschäftigt bin.

Außerdem will ich gute Arbeit abliefern – egal in welchem Bereich – ich will das Beste geben und das Beste aus mir machen, und ich möchte Menschen wirklich nicht absichtlich enttäuschen. Ich bin eine Frau mit hohen Ansprüchen und möchte das auch gerne bleiben. Ich will eine supergute Ehefrau für meinen Mann sein, eine tolle Freundin, aber ich will nicht unter dem Druck, perfekt sein zu müssen, kaputtgehen. Ich will weder meine Gesundheit noch meine Freundschaften, noch meine Flexibilität oder mein Herz aufs Spiel setzen.

Jetzt fragen Sie sich sicher, was will sie denn nun mit ihren Vorsätzen? Sie will nicht perfekt sein und dennoch in allem das Beste geben. Ist das nicht ein und dasselbe?

Nein. Denn jetzt kommt der entscheidende und unterscheidende Teil für die anspruchsvollen Frauen mit Ecken und Kanten: Nicht perfekt – aber brillant.

Nicht perfekt – aber brillant

Jetzt endlich komme ich zur Auflösung des Rätsels und damit zu dem wunderbaren, faszinierenden kleinen Unterschied: Ich muss nicht perfekt sein, ich darf brillant sein.

Nun haben wir meinen Lieblingsteil dieses Buches erreicht, nämlich den Vergleich zwischen uns und diesen tollen, funkelnden Edelsteinen. Der Vergleich, der mich immer wieder begeistert: Ich bin brillant!

Ich muss nicht perfekt sein, ich darf brillant sein!

Das Besondere an einem Brillanten

Was genau ist eigentlich ein Brillant? Was ist das Besondere an ihm? Schaut man im Lexikon nach, findet man unter Brillant zuerst einmal folgende Attribute: *erhellend, glänzend, prächtig, famos.* Das hört sich schon mal ganz gut an, oder?

Ich bin fasziniert von Brillanten – nicht, weil ich besonders viele davon zu Hause hätte, aber ich genieße ihr Funkeln. Dieses Sprühen.

Am schönsten wird es jetzt für Sie, wenn Sie sich beim Lesen einen kleinen Brillanten neben das Buch legen, den Sie immer wieder bewundern können. Vielleicht haben Sie einen kleinen in einem Ring, oder aber Sie kaufen sich einen eigenen – es muss ja kein echter sein. Mein größter „Brillant" hat einen Durchmesser von etwa sieben Zentimetern, und ich habe ihn für 3,50 Euro bei NanuNana ergattert. (Das war jetzt der kleine Werbeblock ...)

Echte Brillanten sind ganz besondere Edelsteine. Sie werden aus Diamanten geschliffen (dazu kommt später noch mehr), wobei der Diamant schon immer als König der Edelsteine galt. Für die Besonderheit der Diamanten spricht, dass sie als Wertanlage alle politischen und wirtschaftlichen Stürme der letzten Jahrzehnte überlebt haben, sie sind also ziemlich wert- und wetterfest.

Historisch betrachtet galt jede Art von Edelsteinen zunächst einmal als Amulett oder Talisman, ihnen wurde besondere Macht zugesprochen. So wurden sie bis ins 19. Jahrhundert hinein auch als Heilmittel bei Krankheiten benutzt. Darüber hinaus haben sie in vielen Religionen eine besondere Bedeutung. So war das Amtsschild des Hohepriesters der Juden mit vier Edelsteinen besetzt. Auch die Tiara, die Papstkrone, und die Mitra, die traditionelle Kopfbedeckung der Bischöfe, sind mit Edelsteinen geschmückt.

Und im Buddhismus dient der Diamant als Symbol für das Höchste, was für einen Menschen je erreichbar ist, was immer das auch sein mag.

Edelsteine – mit all ihren Besonderheiten.

Der Diamant als König unter den Edelsteinen.

Der Brillant als ein ganz besonderer, einzigartiger Diamant.

Der Wert eines Brillanten: Die vier Cs

Jetzt besteht natürlich die große Frage darin, wie der Wert eines einzelnen Brillanten festgestellt werden kann. Dies ist anhand von vier Merkmalen ganz objektiv möglich.

Bei diesen vier Merkmalen handelt es sich um die so genannten vier Cs, die von den Fachleuten der ganzen Welt einheitlich benutzt werden, um einen Brillanten zu klassifizieren. Vier Cs, die den König der Edelsteine zum Brillanten auszeichnen. Vier Cs, anhand derer also auch festzustellen ist, ob und wie brillant wir sind. Die mir immer wieder helfen zu erkennen: Ich muss nicht perfekt sein – ich darf brillant sein.

Und wenn ich vor einer Aufgabe stehe, einer beruflichen oder privaten Herausforderung, und spüre, mein Perfektionismus fällt wieder einmal über mich her, nehme ich die vier Cs zur Hilfe, um mir bewusst zu machen, wie wertvoll ich wirklich bin.

Leider sind diese vier Cs nur im Englischen vier Cs, im Deutschen wären sie FSGR. Das klingt jedoch nicht so eingängig, weshalb ich bei den vier Cs bleiben möchte.

Also, sind Sie mit dabei? Nicht perfekt, aber brillant!

Colour – die Farbe eines Brillanten

Das erste C steht für *Colour* – für die Farbe. Brillante Frauen haben Farbe.

Brillanten funkeln und leuchten in allen möglichen Farben. Hält man einen Brillanten ins Licht, fällt es hinein und tritt in den buntesten Regenbogenfarben wieder aus. Und wie man einen Brillanten auch betrachtet, man entdeckt immer wieder neue Facetten. Es strahlt und schimmert blau, braun, gelb, grün, rot, orange, violett – ein faszinierendes, facettenreiches Spiel der Farben.

Die optischen Eigenschaften nehmen bei Brillanten also eine überragende Stellung ein, wobei die Farbe im Vordergrund steht. Und auch wenn viele Brillanten auf den ersten Blick ähnlich aussehen, jeder hat eine Vielzahl eigener Farben und unzählige besondere Facetten.

Die jeweilig vorherrschenden Farben entstehen durch das gebrochene Licht. Ein Brillant muss immer ins Licht, damit wir seine ganze Pracht erkennen. Für das Entstehen der letztendlichen Farbe, die wir in dem Brillanten erkennen, gibt es vielfältige Gründe. Zum einen ist da die Lichtbrechung: Das Licht fällt weiß in den Edelstein hinein und dadurch, dass es gebrochen wird, kommt es in unterschiedlichen Farben wieder heraus. Doch es wird nicht nur gebrochen, sondern außerdem in seine Spektralfarben aufgefächert, so entsteht das ganze feurige Farbenspiel. Dazu kommt, dass nie alle Farben gleichmäßig auftauchen (ansonsten wäre der Stein weiß), sondern bestimmte Wellenlängen einzelner Farben absorbiert werden (lat. absorptio = aufsaugen). Es gibt also keine „Ausgewogenheit" – der eine Stein hat davon mehr abbekommen, der andere hiervon. Sie sehen, es gibt eine Menge von Ursachen für die einzelnen Farben.

Die Ursache für die natürliche Farbe eines Brillanten zu erklären, ist allerdings schwieriger als das Auffinden schön gefärbter Steine selbst. Es bleibt also ein Geheimnis. Selbst Steine, die auf den ersten Blick farblos erscheinen, haben – meist für den Laien nicht erkennbare – einzelne Töne, sogenannte Farbgrade. Und Steine mit ganz besonderen Farben, so genannte *Fancy Diamonds* (engl. fancy = schick), erzielen Liebhaberpreise.

Fest steht: Je seltener eine Farbe ist, desto begehrter ist der Brillant. Brillanten haben Farbe.

Unsere ganz eigene Farbe

Was für eine Farbe haben Sie? Ich meine jetzt nicht, dass Sie rot werden, wenn Ihnen etwas peinlich ist, blaue Lippen bekommen, wenn Sie frieren, oder grün, wenn Ihnen schlecht wird. Ich meine das auch nicht politisch, sondern ganz persönlich.

Ich habe letztens eine E-Mail von einem Teenager bekommen mit der Frage: „Wenn du ein Buntstift wärst – welche Farbe wärst du?" Nette Idee. Vielleicht ein wärmendes Orange, ein kühles Blau, strahlendes Gelb, leidenschaftliches Rot? Vielleicht auch eine Mischung aus mehreren Tönen, gestreift, gesprenkelt oder gepunktet?

Gehen Sie doch mal in einen Baumarkt, und schauen Sie, wie viele Farben es gibt. Die Wohnung zu streichen wird da zu einer echten Herausforderung, schon alleine bis man sich für eine Farbe oder eine Mischfarbe entschieden hat. Oder noch besser, gehen Sie mal durch die Natur, und entdecken Sie, wie viele Grüntöne es alleine gibt oder wie viele bunte Blätter im Herbst! Farben über Farben!

Brillanten schimmern bunt, voller Facetten, sie sind nicht eintönig grau oder schwarz.

Ich muss noch mal an Pippi Langstrumpf in ihrer Villa Kunterbunt denken. Pippi wäre nie auf die Idee gekommen, ihre Villa in einem gedeckten Creme-Ton zu streichen oder in einem grauen Nadelstreifenanzug mit dezent schwarzer Bluse herumzulaufen. Dann wäre sie nicht mehr Pippi – es sei denn, sie verkleidet sich gerade.

Nicht, dass ich Sie auffordern will, jetzt nur noch wie Pippi Langstrumpf rumzulaufen oder all Ihre schwarzen und grauen Klamotten zu verbrennen (bloß nicht, es gibt so wunderschöne schwarze Unterwäsche). Nein, die Frage ist: Was ist Ihre eigene Farbe? Wie sind Sie? Wo leuchten Sie besonders? Was für eine Farbe strahlen Sie aus?*

Wenn wir darüber reden, dass wir als brillante Frauen Farbe haben, geht es um unsere Einzigartigkeit, um Persönlichkeit, um Schönheit. Es geht nicht um Perfektion, sondern um Originalität. Und es geht nicht darum, was oder wie viel wir tun, sondern wie wir sind.

Unersetzlich

Ich liebe das Improvisationstheater! Ich spiele selbst, schaue aber auch gerne zu. Und gerade als Zuschauerin finde ich es sehr entspannend zu sehen: Hier geht es nicht um Perfektion, hier geht es nicht darum, alles richtig zu machen (ich habe Keith Johnstone ja schon zitiert). Vielmehr geht es hier um Inspiration, um Spielen und um Einzigartigkeit. Natürlich müssen bestimmte Regeln eingehalten werden, denn sonst gäbe es nur Chaos. Aber das Spielen geschieht in einer ganz großen Freiheit! Jeder ist in seiner Einzigartigkeit wichtig und unersetzlich. Und je mehr neue Ideen, je mehr Farben ins Spiel kommen, desto lustiger, spannender und brillanter wird ein Abend im Improtheater. Je seltener, desto begehrter.

Was für eine Farbe haben Sie? Wie sind Sie? Was können Sie gut? Wo liegen Ihre ganz besonderen Fähigkeiten? Das muss jetzt nicht die geniale Ausbildung oder das akkurat abgeschlossene Studium sein. Nein, welche Farbe hat Ihre Persönlichkeit? Vielleicht hängt Ihre Persönlichkeit mit Ihrem Studium eng zusammen, dann

---

* Es gibt übrigens wunderbar-lustige Farbtests im Internet.
Macht Spaß, sollte man aber nicht zu ernst nehmen ☺

herzlichen Glückwunsch, aber mit Sicherheit haben Sie auch ganz eigene Stärken, die Sie in Ihrem Beruf gerade nicht ausleben können.

Wo liegen Ihre besonderen Farben? Wo leuchten Sie besonders? Vielleicht in dem Bereich, andere Menschen zu ermutigen?

Ich muss gerade an meine Freundin Michaela denken. Michi hat unheimlich viele Begabungen, aber am meisten schätze ich an ihr, dass ich mich nach jeder Begegnung mit ihr immer wunderbar und einzigartig fühle. Sie sieht so viele schöne Dinge an mir, die ich gar nicht wahrnehme, und spricht sie auch noch aus. Ich bin ihr sehr dankbar dafür! In diesem Bereich ihrer Persönlichkeit leuchtet sie ganz besonders und bringt auch noch andere damit zum Leuchten – zumindest meine Augen.

Vielleicht leuchten Sie besonders da, wo Sie anderen zuhören oder ganz praktisch unter die Arme greifen können? Vielleicht verteilen Sie gerne kleine und große Geschenke?*

Oder Sie sind der ruhende Pol in Ihrem Freundeskreis oder Sie ergreifen ganz im Gegenteil häufig die Initiative oder, oder, oder…

Wo leuchten Sie besonders? Was für eine Farbe ist Ihnen ganz eigen – und was für besondere Farbkombinationen?

Und wie beim Brillanten gilt auch hier: Woher die Farbe kommt, bleibt oft ein Geheimnis!

---

* Noch ein Buchtipp: Die fünf Sprachen der Liebe von Gary Chapman, Francke-Verlag, 2003

Je seltener, desto begehrter

Je seltener seine Farbe ist, desto begehrter ist der Brillant. Und damit haben wir echt gute Karten. Denn unsere Persönlichkeit, unsere Farbkombination ist einzigartig, ein unvergleichliches Original.

Ein wunderschönes Zitat findet sich dazu in der Bibel:

Herr, ich danke dir, dass ich ausgezeichnet und wunderbar gemacht bin.
Psalm 139,14

Mein Schöpfer, mein Gott hat mich ausgezeichnet und wunderbar gemacht. Ich bin kein Zufallsprodukt, sondern mit ganz viel Genauigkeit, Präzision und Liebe erschaffen worden. Mit einer eigenen Persönlichkeit, mit eigenen Facetten, als Original. Er hat sich mit mir, Bettina, ganz, ganz viel Mühe gegeben.

Es ist kein Geheimnis: Jeder Mensch, jede Frau ist einzigartig. Unser Daumenabdruck ist einzigartig und ein untrügliches Erkennungszeichen. Ebenso übrigens unser Zungenabdruck, falls es jemanden interessiert. Sie sind einzigartig. Sie haben eine einzigartige Persönlichkeit. Eine einzigartige Farbkombination.

Kein Mensch, keine andere Frau ist so wie Sie. Und es gilt für Sie, wie für einen Brillanten, je seltener etwas ist, desto begehrter ist es. Bei einem Brillanten ist die Seltenheit für seinen Wert sehr entscheidend, aber noch entscheidender ist, dass er in dieser Seltenheit auch verfügbar ist, das heißt, er muss irgendwann irgendwo gefunden werden. Und genauso müssen auch wir wahrgenommen, gefunden werden. Also, zeigen wir uns! Zeigen Sie sich!

In unserer Originalität, in unserer Einzigartigkeit dürfen wir leben, dürfen wir unsere Arbeit tun, unsere Beziehungen gestalten, unser Aussehen, unsere Figur genießen und zu Gott kommen. Wir müssen in kein Schema passen. Doch leider haben wir nur zu oft vergessen, dass gerade unsere Einzigartigkeit unseren Wert ausmacht. Je seltener, desto begehrter.

Es gibt den Spruch: „Viele Menschen werden als Original geboren und sterben als Kopie." Und so erleben wir es recht häufig, dass Menschen in ihrer Kindheit facettenreich funkelten, als Erwachsene es aber gelernt haben, sich in einem Einheitsgrau zu präsentieren. Sie sind angepasst und benehmen sich angemessen.

Das muss aber nicht so bleiben. Wenn wir brillant sein wollen, ist es entscheidend, dass wir unsere eigene Farbe wiederfinden. Wir müssen alle Tönungen, Blondierungen und Packungssträhnchen rauswachsen lassen und wieder entdecken: Wie bin ich wirklich? Das ist jetzt kein Plädoyer gegen das Haarefärben, da bin ich in meiner Experimentierfreudigkeit sicher die Falsche, vielmehr ist es ein Plädoyer dafür, dass wir unser inneres Kind wieder entdecken, unsere Einzigartigkeit feiern.

Als kleines Mädchen habe ich mir abends oft vorgestellt, was das Schönste wäre, das am nächsten Tag passieren könnte. Ich hatte unendlich viele kleine und große Träume: Briefe von meiner besten Freundin zu bekommen, meine Eltern schenken mir endlich ein Pferd, oder ich darf als Schauspielerin beim A-Team mitspielen. Alles war möglich in diesen kostbaren Minuten abends vorm Einschlafen. Ich war mir ganz nah mit meinen heimlichen Träumen, die ich vor niemandem rechtfertigen, niemandem erklären und mit niemandem vergleichen musste.

Gehen wir doch noch mal dahin zurück: Was wäre das Schönste, das in Ihrem Leben passieren könnte? Das morgen passieren könnte? Die Bilder, die Ihnen jetzt in den Sinn kommen, zeigen viel von dem, was an Farben und Besonderheiten in Ihnen steckt. Und wenn Ihnen gar nichts in den Sinn kommt, zeigt das auch sehr viel.

Brillante Frauen haben Farbe, schimmern, strahlen das aus, was ihr Schöpfer so ausgezeichnet in sie hineingelegt hat. Sie wissen um ihre Facetten und freuen sich, immer wieder Neues an sich und anderen zu entdecken. Nehmen Sie sich die Zeit, Ihre eigenen Farben und Facetten wieder zu entdecken!

Farbwechsel

Und noch etwas: Brillanten haben nicht nur Farbe, Brillanten verändern auch ihre Farbe. Manche Steine verändern ihre Farbe im Lauf der Zeit, meist jedoch durch das Eingreifen von Menschen. Man sagt, dass sie oft durch Erhitzen schöner werden, aber auch wieder verblassen oder fleckig werden können. Farbveränderungen, Farbschwankungen gehören zu unserem Leben dazu. Wir verändern uns, manch leuchtende Dinge verblassen, andere beginnen durch neue Situationen erst recht zu strahlen.

Natürlich habe ich nicht mehr die gleichen Träume wie als Kind, statt beim A-Team würde ich jetzt lieber bei *Ocean's 11–13* mitspielen (wie Sie sehen – es hat sich wirklich viel verändert!), aber ich habe immer noch Träume – nur sind manche anders gefärbt. Aus gerade diesem Grund faszinieren mich Chamäleons: Sie können ihre Farben verändern. Leider müssen diese faszinierenden, knubbeligen Genossen in ihrer Fähigkeit sich anzupassen ja meist eher als Negativbeispiele herhalten. Aber, wenn wir uns ihre Fähigkeiten mal genau anschauen, sind sie eigentlich nur zu bewundern.*

Jede Art von Chamäleon hat eine bestimmte Anzahl von Farben und innerhalb dieses Spektrums können sie verschiedene Farben und Muster annehmen. Dies geschieht nicht nur zur Tarnung, sondern auch um ihren Artgenossen ihre Stimmungen und Gefühle zu signalisieren. Seit ich das weiß, fühle ich mich mit dem Chamäleon an sich sehr verbunden. Ich bin sicher, auch eine Chamäleon-Dame kann sich abends noch nicht entscheiden, welche Farbe und welches Muster sie am nächsten Morgen anlegen wird, sondern muss einfach auf ihre Stimmung achten – wie ich vor meinem Kleiderschrank.

Wenn ein Chamäleon zum Beispiel schläft, hat es eine sehr helle Farbe, hat es Angst oder ist es demütig, wird es schwarz, ist es gestresst, schillert es in sehr hellen Farben, will es sich paaren, wird es meist knallbunt, und ist es in Kampfstimmung, wird es getigert oder gepunktet. Faszinierende Tierwelt, oder? Bei Gefahr können sie

—————
* Ich habe so viel Interessantes über Chamäleons herausgefunden, aber leider haben viele Sachen davon nichts mit dem Sinn dieses Buches zu tun. Deswegen nur einige wenige Details hier unten ins Kleingedruckte: Chamäleons heißen auch „Wurmzüngler" (ah), man kennt ca. 160 verschiedene Arten, die sich in zwei Unterfamilien aufteilen: Die echten Chamäleons und (nein, nicht die falschen, sondern) die Stummelschwanzchamäleons (was für ein Name, den konnte ich Ihnen einfach nicht vorenthalten!). Sie haben diese wunderbare, unverwechselbare Schleuderzunge, mit der sie eine Kraft von 0,42169 Newton aufbringen können. (Zum Vergleich: Mit 1 Newton kann man einen 1 kg schweren Körper in einer Sekunde 1 m weit bewegen.) Leider leben sie alle in Afrika – wir werden hier also nicht über sie stolpern – schade eigentlich!

sich anpassen und der Chamäleon-Gatte sieht sofort an dem Outfit seines Weibchens, ob sie einen anstrengenden Tag hatte und eine Umarmung braucht, ob er ihr besser aus dem Weg geht oder ob sie scharf auf ihn ist. Es sind keine zweideutigen Bemerkungen nötig oder erschöpfende Diskussionen – nein, die Farbe sagt alles. Wirklich keine schlechte Einrichtung!

Und ganz nebenbei kann es all diese Farbspielereien zur Tarnung benutzen, wenn wirklich Gefahr im Verzug ist und es sich einfach unsichtbar machen will. Es imitiert dann einfach ein Blatt oder einen Stock oder trockenes Laub (die sogenannte Mimese) oder stellt sich tot (die Thanatose). Gut – das sollten wir jetzt lieber doch nicht übernehmen! Aber ich denke, Sie wissen, worauf ich hinaus will.

Brillante Frauen haben Farbe in einzigartigen Facetten. Deshalb sollten wir uns weder durch einen Farbtest im Internet noch durch irgendeine Botschaft ein für alle Mal auf eine Farbe festlegen lassen, sondern bereit sein, immer wieder Veränderungen an uns wahrzunehmen und zu begrüßen. Wir dürfen uns darüber freuen, dass wir eben noch nicht voll-endet sind!

Brillante Frauen haben Farbe: Sie leuchten und schimmern, verändern sich. Sie wissen um ihre Einzigartigkeit, um ihre Stärken. Sie genießen sie, setzen sie ein und leben sie aus.

Selbstachtung ist, es nicht mehr notwendig zu haben, perfekt zu sein.
Romana Prinoth Fornwagner*

* www.aphorismen.de

Ein paar Minuten für mich

Ich weiß, solche Sätze lesen sich immer so schnell runter. Und sicher ist es nicht das erste Mal, dass Sie so etwas hören. Und wenn genau das Ihre Gedanken waren, dann zeigt das vielleicht, wie wenig Sie sich Ihrer Einzigartigkeit, Ihrer Seltenheit und Ihres Wertes bewusst sind.

Nehmen Sie sich doch gerade jetzt ein paar Minuten Zeit und schreiben Sie sich zehn Dinge auf, die an Ihnen besonders sind. Dazu können besondere Eigenarten, Hobbys, Aussehen, Humor und noch vieles mehr gehören. Aber bitte nicht schummeln: Es müssen 10 sein.

Hier leuchte ich besonders gut:

1. _____

2. _____

3. _____

4. _____

5. _____

6. _____

7. _____

8. _____

9. _____

10. _____

So, das war der leichtere Teil der Übung. Jetzt habe ich noch eine weitere Aufgabe: Bitten Sie zwei Freundinnen, Ihnen getrennt voneinander ebenfalls zehn Dinge aufzuschreiben, wo Sie besonders leuchten. Ich weiß, dass kostet etwas Überwindung, aber es ist sooo schön, zu lesen, was sie schreiben. Es tut wirklich gut. Außerdem kann es gut sein, dass Ihre Freundinnen Sie bald um das Gleiche bitten werden.

Bewahren Sie anschließend diese drei Zettel gut auf, und wenn Sie irgendwann an Ihrem brillanten Wert zweifeln, dann lesen Sie sie einfach noch einmal durch!

Sie sind besonders, wunderbar, einzigartig!

Sie sind ein Brillant.

Brillante Frauen haben Farbe.

Cut – der Schliff eines Brillanten

Das zweite C, an dem der Wert eines Brillanten gemessen wird, ist der Cut – der Schliff. Brillante Frauen haben Schliff.

Nur Diamanten, die einen ganz bestimmten Schliff haben, können als Brillanten bezeichnet werden. Viele verwechseln Diamanten und Brillanten, aber der entscheidende Unterschied liegt im Schliff. Der Schliff kann einen Diamanten zum Brillanten machen. Der sogenannte „Moderne Brillant-Schliff" wurde 1910 aus unterschiedlichen vorherigen Schliffen entwickelt und ist genau charakterisiert. Er hat 32 Facetten plus eine Tafel im Oberteil und 24 Facetten im Unterteil. Diese Charakteristika müssen wir als brillante Frauen jetzt natürlich nicht 1:1 auf unser Aussehen übertragen.

Ein Brillant ist also ein geschliffener Diamant, und um einen Diamanten zu schleifen, braucht es Zeit und einen andern Diamanten. Nicht umsonst hat der Diamant seinen Namen anlässlich seiner Härte erhalten (griechisch: adamas – der Unbezwingbare), denn es gibt nichts vergleichbar Hartes wie einen Diamanten.

Damit also ein Brillant entsteht, muss der Diamant, der ungeschliffen total langweilig und leblos und wie ein plumper Stein wirkt, zunächst gesägt werden. Bei einem Einkaräter, der sechs bis sieben Millimeter Durchmesser hat, dauert das etwa fünf bis acht Stunden. Der nächste Arbeitsgang ist dann das Reiben. Dabei ist sowohl das Reiben als auch das Sägen eines Diamanten immer nur durch einen anderen Diamanten möglich, weil er eben so hart ist.

Brillanten sind also Diamanten, die wiederum durch andere Diamanten geschliffen wurden.

Geschliffen durch andere Menschen

Brillante Frauen sind geschliffene Frauen. Geschliffen in den meisten Fällen durch andere Menschen. Sind Sie auch schon so manches Mal geschliffen worden? Oft durch andere Menschen, durch Männer, durch Frauen, die eigene Familie, Freundinnen und Arbeitskollegen?

Geschliffen zu werden ist meist keine angenehme Sache. Oftmals tut es weh und passiert nicht innerhalb von kurzer Zeit, sondern das dauert. Und immer, wenn etwas geschliffen wird, wird damit auch gleichzeitig etwas abgeschliffen, etwas, das dann verloren geht. Man sagt, dass bei einem Brillanten, der geschliffen wird, mit etwa 50–60 Prozent Verlust zu rechnen ist. Das ist ganz schön viel.

Aber wenn ich mir das Leben – mein eigenes, das meiner Freundinnen und meiner Familie – anschaue, dann ist diese Zahl durchaus realistisch. Denn immer wieder erleben wir Verluste. Immer wieder müssen wir uns von lieben Menschen verabschieden oder werden von ihnen verabschiedet. Das kann durch einen Umzug oder Berufswechsel sein (da gibt es zum Glück Telefon-Flatrates und E-Mail) oder aber auch durch Trennungen. Beziehungen, die zerbrechen, Ehen, die auseinandergehen, langjährige Freundschaften, in denen man sich nicht vergeben kann, oder aber dass ganz plötzlich jemand Liebes stirbt.

Gerade wir Frauen sind stark auf Beziehungen angelegt. Wir können innerhalb von kurzer Zeit Beziehungen knüpfen, tiefe Gespräche führen und Liebe verschenken. Lieben und geliebt werden ist wunderschön – und immer auch ein Risiko. Und Verlust gehört zum Leben, gehört zu der Liebe dazu.

C. S. Lewis hat zu diesem Thema einmal gesagt:

Lieben heißt, verletzlich sein. Liebe irgendetwas,
und es wird dir bestimmt zu Herzen gehen oder gar
*das Herz brechen.**

Und genau das erleben wir so oft. Ich sehe es in meinem eigenen Leben, ich höre es in den Gesprächen mit Freundinnen und Freunden: Am meisten schleifen uns die Menschen, die wir lieben. In ihrer Nähe sind wir am verletzlichsten, an sie haben wir die höchsten Erwartungen, ihre Meinung über uns bedeutet uns am meisten.

Manches Schleifen geschieht im täglichen Umgang miteinander. Ich denke an meine WG-Zeiten: Da hat jede von uns ihren eignen Schliff bekommen, durch so

---

* C. S. Lewis, Was man Liebe nennt, Brunnen-Verlag Basel,
  5. Taschenbuchauflage, 1995, S. 122.

manches Reiben aneinander. Zum Glück konnten wir vieles davon irgendwann mit Humor nehmen.

Aber da gibt es auch die tiefen Einschnitte, bei denen man das Gefühl hat, es zerreißt einen: Da, wo Beziehungen auseinanderbrechen. Da, wo man sich vielleicht jahrelang geliebt hat und plötzlich nicht mehr miteinander reden kann, sich nicht mehr in die Augen sehen kann. Wo zu viel zerbrochen ist. Wo die Verletzungen einfach zu tief sind. Und auch da, wo plötzlich ein geliebter Mensch für immer aus unserem Leben verschwindet.

Wenn man darüber nachdenkt, liegt es nahe, einfach nicht mehr zu lieben – aus Angst vor dem Schmerz und dem Schliff, der immer damit zusammenhängt. Ich möchte hier noch einmal C. S. Lewis zitieren, denn ich finde ihn in dieser Beschreibung einfach großartig:

Wenn du ganz sicher sein willst, dass deinem Herzen nichts zustößt, dann darfst du es nie verschenken, nicht einmal an ein Tier. Umgib es sorgfältig mit Hobbys und kleinen Genüssen; meide alle Verwicklungen; verschließ es sicher im Schrein oder Sarg deiner Selbstsucht. Aber in diesem Schrein – sicher, dunkel, reglos, luftlos – verändert es sich. Es bricht nicht; es wird unzerbrechlich, undurchdringlich, unerlösbar. Die Alternative zum Leiden, oder wenigstens zum Wagnis des Leidens, ist die Verdammung. Es gibt nur einen Ort außer dem Himmel, wo wir vor allen Gefahren und Wirrungen der Liebe vollkommen sicher sind: die Hölle.*

Ohne den Schliff durch andere Menschen werden wir zu einem kalten, dunklen, plumpen Stein. Ohne das Risiko der Liebe haben wir keine Chance, ein funkelnder Brillant zu werden.

---

* ebenda

Wenn wir uns dem Schliff also entziehen, indem wir ihm aus dem Weg gehen, ihn überspielen, nicht beachten oder nicht ernst nehmen, berauben wir uns unseres Wertes.

Ein Schliff schmerzt und verändert

Ich weiß nicht, was Sie schon erlebt haben, vielleicht viel Schweres, Leid, Enttäuschungen und Verletzungen. Jede von uns, egal mit welcher Geschichte, egal in welchem Alter, hat ihren eigenen Schliff abbekommen und steckt wahrscheinlich noch mittendrin im Prozess des Schleifens.

Wir können schwierige Zeiten in unserem Leben nicht schönreden. Ich weiß aus eigener Erfahrung, dass man Krankheiten, Tod, Verletzungen oder auch zerbrochene Beziehungen nicht schönreden kann, aber dennoch gehören diese Erfahrungen zu uns dazu, sie schleifen uns. Wichtig dabei ist, dass wir sie erkennen und anerkennen als das, was sie sind: als Verluste und als Schliff. Als Einschnitte, die uns verändern, die uns ein Profil geben. Wir sollten uns darüber bewusst sein, was sie mit uns gemacht haben und sie nicht aus unserem Leben ausklammern.

Ich bin in einer wunderbaren, liebevollen Familie aufgewachsen. Im Vergleich mit vielen anderen Menschen war ich sicher sehr behütet. Aber auch in meiner Kindheit und Teenagerzeit sind Dinge passiert, die sehr schmerzhaft waren. Da gibt es Momente, Erlebnisse, Botschaften, die sich ganz tief eingeprägt haben. Da waren Menschen, die mich verletzt haben, und Menschen, die ich verletzt habe. Nicht zuletzt in Beziehungen mit Männern. Ich habe Verluste durchleben müssen.

Ich nahm an, dass ich das alles lange „weggeschmirgelt" hätte, dachte, ein strahlendes, wegwischendes Lächeln bringt auch Glanz. Ich sagte mir, dass so etwas ja irgendwie jedem passiert und andere haben sogar noch viel Schlimmeres erlebt und so weiter. Aber ich musste erkennen, dass ein Lächeln nie so viel Glanz bringen wird wie ein Schliff, in den wir Licht hineinfallen lassen.

Wenn wir unsere Verletzungen zu übertünchen versuchen, indem wir sie weggrinsen, ist das so, als würden wir auf einen Stein ein Glanzbildchen kleben und erwarten, dass er genauso funkelt wie ein Brillant. Nur wenn in einen geschliffenen Brillanten Licht hereinfällt, beginnt das Feuerwerk.

Irgendwann habe ich allen Mut zusammengenommen und bin zu einer Lebensberaterin gefahren. Es hat mich wirklich viel Überwindung gekostet, denn eigentlich war ich immer der Meinung, dass Seelsorge etwas für die ist, die ihr eigenes Leben nicht gebacken bekommen. Und so hatte ich mir schon einen Plan zurechtgelegt: Ich wusste, dass ich an drei Bereichen gerne arbeiten würde, hatte also ausgerechnet, dass mit drei „Sitzungen" alles gut sein würde. Doch das hat natürlich nicht ganz so funktioniert.

Dafür hat etwas anderes funktioniert: Licht ist an den Schliff gekommen, ein Feuer wurde entfacht, ein Funkeln entstand und Klarheit. Ecken und Kanten wurden deutlich. Und bei allem Schmerz, den ich zulassen durfte, konnte ich auch erkennen, was an Positivem daraus entstanden ist. Meine Lebensberaterin hat mir sehr geholfen, Dinge nicht einfach oberflächlich zu behandeln, und mir gezeigt, wie sehr ich dazu neige, auch vor Gott kantenlos dastehen zu wollen und Dinge runterzuspielen. Dabei durfte ich erleben, dass er meine Wunden sehr ernst nimmt.

Gott persönlich hat sich schon vor 2600 Jahren über die vermeintlich Frommen sehr aufgeregt, die immer alles schönreden:

... sie heilen den Bruch der Tochter meines Volkes nur oberflächlich und sagen: Friede, Friede! – und da ist doch kein Friede. Jeremia 6,14

Und er verspricht dann:

Aber ich will dich wieder gesund machen und deine Wunden heilen, weil man dich nennt: „Die Verstoßene" und: „Die, nach der niemand fragt." Jeremia 30,17

Mein Gott will mich heilen. Gott nimmt meine Wunden, meine Verletzungen, da wo ich zurückgewiesen oder nicht beachtet wurde, ernst. Gott interessiert sich für mich! Und entscheidend ist, dass ich den Schliff, die Verletzungen nicht ignoriere, sondern erkenne: Ja, sie gehören zu mir dazu. Sie machen mich zu der Person, die ich bin, zu der Frau, die ich bin. Und ich darf mich darum kümmern, darf meine Verletzungen ernst nehmen und Heilung zulassen – zu Gott gehen und ihn heilen lassen. Ich muss den Schmerz nicht ignorieren.

Nur ein geschliffener Diamant ist ein Brillant. So schmerzhaft es auch ist, der Schliff gehört dazu und mehr noch, der Schliff erweckt das Funkeln und Leuchten des Brillanten.

Wir brauchen Schliff, um brillant zu sein.

Frauen mit Ecken und Kanten

Ein Schliff tut weh und durch einen Schliff entstehen Ecken und Kanten. Haben Sie Ecken und Kanten? Ich hoffe es sehr! Denn nicht ohne Grund wird eine kreisrunde, aalglatte Murmel es nie zum Brillanten schaffen.

Brillante Frauen brauchen Ecken und Kanten, Dinge, an denen man sich schon mal stößt, die aber das Funkeln möglich machen. Hören wir doch auf, unsere Kanten wegzuschmirgeln – sie sind entscheidend!

Wenn wir anfangen, perfekt glatt und kantenlos (konturlos, profillos) zu sein, werden wir nie brillant sein. Wie viel einfacher ist es, zu unseren Ecken und Kanten zu stehen, anstatt sie vertuschen zu wollen. Nicht von ungefähr kommt der alte Spruch: *Ist der Ruf erst ruiniert, lebt es sich ganz ungeniert.* Da ist viel Wahrheit dran. Auch wenn wir natürlich nicht erst unseren Ruf komplett ruinieren müssen, um befreit leben zu können! Aber wir dürfen zu unseren Ecken und Kanten stehen. Selbstbewusst, manchmal vielleicht auch humorvoll damit umgehen, denn jeder brillante Mensch hat sie: Ecken und Kanten. Und je offener wir damit umgehen, desto einfacher wird es für uns und für die Menschen in unserer Umgebung. Sie entstehen durch den Schliff. Denn gerade der Schliff ist es, der die Faszination eines Brillanten ausmacht.

Der Schliff entfacht das Feuer

Experten* sagen über den Schliff eines Brillanten:

Erst ein Schliff lässt den meist eher unscheinbaren Kiesel sein Feuerwerk von Licht und Farbe entfachen. Aber bis dahin ist es ein weiter Weg.

Der Schliff ist für das Feuer eines Steins maßgeblich. So kann der eine geradezu leblos wirken, während aus dem anderen scheinbar Funken sprühen.

Durch den sorgfältigen Schliff der einzelnen Facetten werden zahllose innere Lichtreflexionen hervorgerufen.

Der Schliff sollte nicht mit der Form verwechselt werden. Ein gut geschliffener Brillant reflektiert das einfallende Licht besser – er hat mehr Feuer.

Ein Schliff lässt Funken sprühen, er macht uns zu der Persönlichkeit, die wir sind. Der Schliff entfacht das Feuer eines Brillanten, doch dies geschieht nur unter einer Voraussetzung: Er braucht das einfallende Licht.

Der Schliff muss ans Licht! Im Dunkeln abwarten, bringt nichts. Also müssen wir unseren tiefsten Schatz, unser Herz mit all seinen Ecken und Kanten, mit all seiner Zerbrechlichkeit, seinen Verletzungen und seinem Schliff von Licht durchfluten lassen.

Es gibt einen Text, der mich immer wieder sehr anrührt. Er ist ein bisschen wie ein Gedicht, das beschreibt, dass wir einen Schatz in uns tragen, einen Licht-Schatz:

---

* www.goldschmide-bender.de

Das Licht, das die Dunkelheit durchbrochen hat,
das Licht, das unsere Herzen erhellt hat,
tragen wir in uns, wie einen Schatz.
Einen Schatz, in zerbrechlichen Gefäßen.

Es ist ein Text aus der Bibel.* Und die Rede ist von Jesus, als dem Licht der Welt. Das Licht, das uns erleuchten will. Ein göttliches Licht.

Mich fasziniert hier so, dass dieses göttliche Licht nicht einen massiven Pokal oder einen bruchfesten Spiegel wählt, um zu leuchten, sondern ein zerbrechliches Gefäß. Dass es diesem göttlichen Licht anscheinend gar nicht darum geht, dass ich unkaputtbar, unbezwingbar, stark und mutig voranschreite, sondern dass es für ihn durchaus in Ordnung ist, wenn ich zerbrechlich bin.

Ein zerbrechliches Gefäß – ein sehr schönes Bild, oder?

Ich muss in diesem Zusammenhang immer an eine Vase denken, die mir als kleines Mädchen so gut gefiel. Sie gehörte meiner Mutter und sah aus, als wäre ihr Glas gesplittert. Dadurch wurde das Wasser in ihr schön verzerrt und funkelte. Wann immer wir Blumen bekamen – egal ob es eine einzelne Rose oder ein riesiger Strauß war – meine erste Wahl fiel immer auf diese Vase. Was zugegeben nicht immer ganz ideal für die Blumen war.

Gott wählt zerbrechliche Gefäße… Es scheint mir, als würde Gott gerade die Menschen mögen, die einen kleinen Sprung in der Schüssel haben.

Zerbrechliche Gefäße. Frauen, die viel in sich aufnehmen können und wollen, Frauen, die einiges auffangen, die andere bis in ihr Innerstes hineinblicken lassen, die einen Schatz in sich tragen, die aber wissen: Ich

---

* 2. Korinther 4,6–7

bin zerbrechlich. Und Gott sagt dazu: Das ist in Ordnung. Ich lege mein göttliches Licht in dich hinein. Dein Schliff, deine Ecken und Kanten werden dadurch funkeln und leuchten!

Ich muss nicht perfekt, hart und lückenlos sein.
Ich darf schwach sein.
Ich bin es wert, einen Schatz in mir zu tragen.

Nicht die Perfekten, sondern die Geschliffenen

Hier spricht keine Religion. Hier spricht ein Gott, der nicht die Perfekten auswählt, um sich in ihren glatten Fassaden zu spiegeln. Der nicht die Steinharten, Glatten, Konturlosen auswählt, um an ihnen zu glänzen. Hier spricht ein Gott, der in unser Innerstes will, der heilen will. Ein Gott, der Zerbrechliche wählt – Menschen mit Ecken und Kanten. Menschen, die geschliffen wurden. Menschen, die nichts schönreden, sondern ihren Schliff ernst nehmen, ihre Verletzungen heilen lassen und sich ins Licht stellen.

Erst ein Schliff lässt den meist eher unscheinbaren Kiesel sein Feuerwerk von Licht und Farbe entfachen. Aber bis dahin ist es ein weiter Weg.

Ein Brillant ist geschliffen.
Ein Brillant hat Ecken und Kanten.
Brillante Frauen sind geschliffene Frauen: zerbrechlich mit Ecken und Kanten, aber mit einem Licht, das durch alle Ritzen strahlt, funkelt, ein Feuerwerk entfacht.

Nur wer Profil hat, hinterlässt Spuren.
Peter Hahne

Ein paar Minuten für mich:

Vielleicht tut es Ihnen gut, wenn Sie sich an dieser Stelle wieder ein paar Minuten für sich nehmen. Machen Sie sich einen Tee und trauen Sie sich, sich Ihre Ecken und Kanten ein bisschen näher anzuschauen. Folgende Fragen können Ihnen dabei helfen.

Wo wurde ich bisher besonders geschliffen?

Durch wen?

Wo habe ich Verluste erleiden müssen?

Wo werde ich jetzt gerade geschliffen?

Gibt es Wunden, die ich nur oberflächlich behandelt habe?

Wie können sie ganz heilen?

Was sind meine Ecken und Kanten?

Welchen Menschen gegenüber versuche ich, sie zu verbergen?

Wer könnte mir dabei helfen, das Feuer in mir zu entfachen?

Was spielt Gott für eine Rolle dabei?

Denn der Herr, dein Gott, ist in deiner Mitte, ein Held,
der rettet; er freut sich über dich in Fröhlichkeit,
er schweigt in seiner Liebe, er jauchzt über dich mit Jubel.
Zephanja 3,17

Carat – das Gewicht eines Brillanten

So, zwei Cs, die den Wert eines Brillanten bestimmen, haben wir schon eingehend betrachtet:

Colour – Brillante Frauen haben Farbe.

Cut – Brillante Frauen haben Schliff.

Jetzt kommen wir zum dritten C: Der Wert eines Brillanten wird an seinem Carat (dt. Karat) – seinem Gewicht gemessen.

Brillante Frauen haben Gewicht. Das ist jetzt ein etwas heikles Thema. Aber gut, wir sind ja unter uns, packen wir es an.

Das Gewicht eines Brillanten wird in Karat angegeben. Ein Karat sind 0,2 Gramm (wird normalerweise in Dezimalen mit zwei Stellen verzeichnet). Um mich selbst nach Brillanten-Maßstäben genau zu bewerten habe ich ausgerechnet: Ich bin je nach Tagesform ein 300.000-Karäter! Das schwankt natürlich immer mal wieder. Und wer von Ihnen jetzt schon ganz stolz ist, dass sie mein Gewicht herausgefunden hat: Meine Größe verrate ich garantiert nicht, sonst kommen Sie noch auf die Idee, meine Glaubwürdigkeit an meinem BMI zu messen! */**

---

* Für die unter uns, die davon bisher noch verschont wurden (oder falls tatsächlich mal ein Mann dieses Buch in die Hände bekommt): BMI = Body-Maß-Index, eine Formel mit der man anhand von Körpergröße und Gewicht ausrechnen kann, dass man sich zumindest theoretisch in seiner Figur wohl fühlen darf. Italienische Designer haben ja mittlerweile für ihre Models einen Mindest-BMI von 18 angeordnet, damit sie nicht zu dünn sind. Bedeutet: Eine Frau, die 1,70 m groß ist, muss mindestens 53 kg wiegen. Ja…

** Und noch etwas zum BMI: Bei einem allgemeinen Ehewiegen in unserer noch sehr jungen Ehe (wir waren gerade 3 Wochen verheiratet), konnte ich es natürlich nicht unterlassen Simon darauf hinzuweisen, dass sein von mir errechneter BMI gegenüber seinem optimalen BMI um 0,5 zu hoch ist. Er schaute mich nur an und sagte: Na und – das halbe Kilo … Relaxt, sage ich mal!

Also, ich bin ein 300.000-Karäter. Quasi eine hochkarätige Frau! Und wissen Sie was: Mit jedem Stück Schokolade, das ich hier gerade beim Tippen verschlinge, werde ich noch hochkarätiger. Aber noch interessanter ist natürlich die Frage, und da blinkt das Dollar-Zeichen in meinen Augen auf: Was bin ich denn jetzt wert? Mal ganz konkret in Zahlen ausgedrückt.

Ich will ja nicht angeben, aber ich habe mir mal ein Angebot bei Ebay rausgesucht: 1,55 Karat wurden für 6.990 Euro angeboten. Das heißt, umgerechnet würde ich (wohlgemerkt im Sonderpreis): 1.352.903.200 Euro kosten plus 7 Euro Versandgebühren. Um es noch einmal deutlich zu machen. Ausgeschrieben sind das: Eine-Millarde-Dreihundertzweiundfünfzigmillionen-Neunhundertdreitausend-Zweihundert Euro! Nicht schlecht, oder?

Wenn man sich überlegt, dass Heidi Klum ihre Beine für noch nicht mal zwei Millionen hat versichern lassen oder Miroslav Klose den FC Bayern München im Jahr 2007 gerade mal läppische 12 Millionen gekostet hat. Das ist doch echt nix gegen mich als brillante Frau.

Okay, der Richtigkeit halber muss ich noch hinzufügen, dass man das natürlich nicht ganz so genau ausrechnen kann, denn der Karatpreis nimmt mit der Größe der Steine progressiv zu. Wenn ein Einkaräter also 4.500 Euro kostet, kostet ein Zweikaräter wahrscheinlich nicht nur 9.000 Euro, sondern 10.000 Euro oder mehr. Wir können also ruhig noch ein paar Euro draufschlagen.

Der bisher größte gefundene Rohdiamant ist übrigens der *Cullinan* mit 3106 Karat. Er wurde geschliffen und schmückt jetzt das Zepter von König Edward VII. von England, das sich heute im Tower in London befindet.

Jetzt aber wieder zurück zu uns: Brillante Frauen haben Gewicht. Nein, keine Angst: Jetzt kommt keine

Diätberatung oder „etwas-kräftiger-ist-doch-auch-ganz-nett-Sprüche". Ich glaube, über diese Themen wurden wirklich schon genug Bücher geschrieben. Brillante Frauen haben Gewicht, bedeutet vielmehr: Brillante Frauen wissen, auf was sie Gewicht, auf was sie Wert legen. Was sie wie gewichten wollen. Hochkarätige Frauen setzen Schwerpunkte.

Was wollen Sie wirklich?

Unser Frust beim Perfektionismus kommt ja häufig daher, dass wir versuchen, *alles* perfekt zu machen. Oder wenn nicht alles, dann zumindest viel zu viel! Die Arbeit, den Haushalt, die Erziehung, die Nachbarschaftspflege, die Körperpflege, das Auto, die Gemeindearbeit, immer pünktlich sein, gut angezogen, lächelnd, freundlich, ausgeglichen, zuvorkommend, schön, stark, zuverlässig – Hochglanz in allen Bereichen.

Ich weiß, wir Frauen haben die besondere Begabung, mehrere Dinge gleichzeitig zu machen (zum Beispiel telefonieren, kochen und im Internet surfen), aber ich bin überzeugt, dass das eine Art Sonderausstattung ist, die wir in Extremfällen nutzen können, die aber nicht zum Dauergebrauch geeignet ist. Wir können sehr viel, und wir schaffen manchmal mehr, als wir können und wachsen über uns hinaus. Aber es war nie unsere Aufgabe, alles, was wir anpacken, zu können und alles zu beherrschen und perfekt zu machen.

Jede von uns ist einzigartig. Jede von uns hat neben ihrer einzigartigen Persönlichkeit auch ganz besondere Begabungen und Vorlieben. Darauf legt Gott auch viel Wert. In der Bibel steht:

*Jeder soll dem anderen mit der Begabung dienen, die Gott
ihm geschenkt hat.*
1. Petrus 4,10

Schön und gut, aber selbst wenn ich nur das tun würde,
was ich gut kann und was mir Spaß macht, hätte ich
schon viel zu viel zu tun und viel zu wenig Zeit für alles.
Dazu kommen dann natürlich noch so manche Pflich-
ten und Herausforderungen, die erledigt werden müssen, ob es jetzt meine Begabung ist oder nicht. Denn ich
habe wirklich viele Interessen, und es gibt auch einige
Dinge, die mir nicht schwer fallen (dafür andere um so
mehr). Und genau deswegen ist es so wichtig, zu gewichten, Schwerpunkte zu setzen.

Was will ich wirklich? Wo liegen meine Schwerpunkte? Das herauszufinden, ist eine Kunst!

*Das Leben ist ein Fest, das viele so perfekt vorbereiten wol-
len, dass sie nicht mehr zum Feiern kommen.*
Ernst Ferstl*

Die perfekte Gastgeberin – oder Freundin?

*Es war ein mehrtägiger Besuch bei einer Freundin, die ich
lange nicht gesehen hatte.*

*Als ich bei ihr ankam, war ich sehr überrascht und erfreut,
wie liebevoll alles schon vorbereitet war: Das Essen stand auf
dem Tisch, mein Bett war fertig gemacht – ich wurde erwartet. Beim Abendessen war sie sehr höflich und zuvorkommend. Das Essen war lecker, und mein Glas wurde immer neu*

---

* österreichischer Lehrer, Dichter und Aphoristiker, aus Ernst Ferstl,
Lebensspuren, Geest-Verlag.

gefüllt. Das Essen war gerade beendet, als sie aufsprang, mit dem dreckigen Geschirr in die Küche rannte und mir strengstens verbot, ihr zu folgen.

Während ich folgsam und abwartend dasaß, reichte sie mir kleine Snacks (wohl zum Zeitvertreib). Und nachdem alles sauber und verstaut war, hatten wir noch einen sehr schönen und langen Abend.

Am nächsten Morgen wurde ich freundlich von ihr geweckt. Als ich noch ganz verschlafen und ungeschminkt ins Wohnzimmer stolperte, war der Tisch bereits akkurat zubereitet ebenso wie sie. Sogar der Orangensaft war schon in die Gläser gefüllt worden. Langsam regte sich mein schlechtes Gewissen. Und wieder das gleiche Spiel: Nach dem Essen verschwand sie in der Küche und ich musste warten – so ging es die ganzen Tage weiter.

Auf meiner Rückfahrt spürte ich, dass irgendetwas meine Freude über unser Wiedersehen trübte. Und langsam dämmerte es mir: Das war keine Freundschaft, das war ein perfekter Gästebetrieb. Ich wollte gemeinsam verschlafen den Tisch decken, zusammen spülen (oder zumindest die Spülmaschine einräumen), zu zweit Gemüse schnibbeln, Hackfleisch anbraten, über gehackten Zwiebeln heulen und und und. Zusammen all diese Dinge tun, wobei sich meist die besten Gespräche ergeben – einfach so! Mit ihr hätte mir auch das Fensterputzen Spaß gemacht, oder Bügeln oder, oder, oder … Verstehen Sie, was ich meine?

Wie dankbar wäre ich gewesen, hätte sie gesagt: „Du, ich hab echt einen stressigen Job, ich schaffe es grad nicht alleine, kannst du mal bitte … ?" Klar! Selbstverständlich! Natürlich! Liebend gerne! Ich hätte mich als Freundin geschätzt, geehrt und gebraucht gefühlt, der man solche Dinge gerne „zumuten" darf und bitte auch zumuten soll!

Was ist Ihnen wirklich wichtig?

Was wollen Sie, wenn Sie Freunde zu sich einladen? Dass sie Ihre wunderbare Wohnung bewundern, Ihre perfekte Gastfreundschaft kennenlernen, Ihr Talent verehren, wie Sie alles unter einen Hut kriegen und dabei trotzdem noch makellos aussehen? Oder wollen Sie Ihre Freundschaft feiern? Ihr Vertrauen zelebrieren? Was glauben Sie, wo Sie sich wohler fühlen würden?

Natürlich gibt es Situationen, in denen man schon einiges möglichst gut vorbereitet haben sollte. Wenn Sie Ihre zukünftigen Schwiegereltern zum Essen einladen, sollten Sie Ihrer Schwiegermutter lieber nicht direkt an der Haustür die Knoblauchpresse oder die Kloputzutensilien in die Hand drücken. Ein bisschen Feingefühl schadet hier nicht – kommt aber auch auf die Schwiegermutter an (grins).

Aber darum geht es ja nicht. Tatsache ist doch, dass wir uns selbst viel zu viele Gedanken darüber machen, was die anderen wohl über unsere Wohnung, unser Outfit, unsere Frisur, unser Reden denken, als sie es in Wirklichkeit tun. Oder wie prüfend schauen Sie sich in der Wohnung Ihrer Freundin um? Gar nicht? Wie sehr stört es Sie, wenn dort Flecken an den Fenstern sind? Ist das nicht eher beruhigend? Sie sehen sie gar nicht? Na also, und was machen wir?

Wirklich, ich ertappe mich doch selbst dabei, wie dumm ich mich manchmal benehme. Letztens war ich krank, hatte es mir mit Büchern, DVDs, Süßigkeiten und vielen Gläsern im Wohnzimmer bequem gemacht, als meine Freundin ankündigte, sie käme kurz zu einem Krankenbesuch vorbei. Mein erster Gedanke war: *Ach, wie schön!* Der zweite: *Räum wenigstens kurz die Sachen in die Spülmaschine!* Ich gehe außerdem schnell ins Bad, um einen Blick in den Spiegel zu werfen, dabei entdecke ich das Waschbecken, schnell mit einem Tuch drüberwischen. Dann noch eben einen Kontrollblick auf die Toilette, falls sie auf die Toilette muss. Dann noch ein frisches Glas für sie auf den Wohnzimmertisch und schnell wieder hinlegen, denn ich bin ja krank – sie soll schließlich nicht denken, ich simuliere, indem sie mich durchs Haus rennen sieht.

Meine Güte! Sie ist meine Freundin! Und vielleicht denken Sie jetzt: „Wie blöd ist das denn?" Ja, denke ich auch – und ich selbst bin es, die sich so dämlich benimmt.

Kreis der Heiligen

Sie sind stark
sie sind gestylt
sie sind weise

Sie sind Beter
Sie lieben Jesus

Sie sind inspiriert
Sie sind intelligent

Sie arbeiten viel
geben alles
für ein höheres Ziel

Sie sind nicht perfekt
aber sie wissen
ihre kleinen Schwächen zu inszenieren

Sie werden nie brüllen
weinen oder streiten
Sie werden nie verschlafen
oder beschwipst sein
Sie sind immer kontrolliert
Sie sind tapfer im Schmerz
lächeln in Verwirrung
diskutieren im Kampf

In ihrer Gegenwart
fühle ich mich schwach
unzureichend
müde

Ich habe Respekt vor ihnen
sehne mich nach ihrer Anerkennung
auch wenn ich nie so wie sie sein will
es stößt mich ab
ich sehne mich danach

In ihrer Gegenwart
fühle ich mich schwach
unzureichend
müde

Und es tut mir leid zu wissen
sie sind überzeugt
Ich bin eine von ihnen

Wie ich
ich bin überzeugt
jeder
in diesem Kreis der Heiligen
ist einer von uns.

Was für ein Teufelskreis.

Wir sind ganz schön blöd, wenn wir uns so benehmen.

Was ist uns wirklich wichtig? Das Leben ist ein Fest, das viele so perfekt zubereiten wollen, dass sie nicht mehr zum Feiern kommen. Kommen Sie noch zum Feiern?

Wir vergessen so schnell, worauf es uns wirklich ankommt und verlieren uns darin, es perfekt machen zu wollen. Brillant sein, heißt zu wissen, worauf es mir ankommt. Anspruchsvoll nicht in allem, sondern in Schwerpunkten, die ich selbst festlege.

Die Liebe zum Detail

Und noch eine andere Sache macht es uns manchmal ganz schön schwer: Die Liebe zum Detail.

Ich weiß noch, dass wir als Kinder immer Sandhäuser gebaut haben, um dann Stadt zu spielen, oder Überfall oder A-Team. Die Häuser waren also einfach Mittel zum Zweck. Aber ich wollte nicht irgendein Sandhaus, ich wollte ein richtiges. Es sollte Innenräume besitzen und am liebsten unterkellert sein. Bei feinem Sand sehr schwierig, aber ich war ehrgeizig. Funktioniert hat es leider trotzdem nicht und zum Spielen kamen wir dann auch nicht mehr, weil meinem Bruder langweilig geworden war.

Ich liebe Details, und das kann manchmal ziemlich viel Kraft kosten und manchmal sehr vom Wesentlichen ablenken.

Wir waren gerade ein paar Wochen verheiratet, und ich musste nachmittags beruflich weg. Simon hatte mir hoch und heilig versprochen, unsere Wohnung in dieser Zeit, so weit es geht, aufzuräumen. Da wir nur ein Zimmer, ein kleines Bad und einen Flur hatten, war das meiner Vorstellung nach keine allzu große Leistung. Zu dem Zeitpunkt kannte ich seine herausragende Liebe zum Detail allerdings noch nicht. Als ich nach ein paar Stunden zurück war, ahnte ich schon im Flur, dass er nicht allzu weit gekommen war. Vorsichtig lugte ich ins Bad: Nichts verändert.

Als ich dann die Tür zu unserem Wohn-Schlaf- und Esszimmer öffnete, sah ich meinen Mann inmitten von einem riesigen (größeren als je zuvor) Chaos, strahlend und glücklich auf dem Boden sitzen. Wie versprochen war er fleißig mit Aufräumen beschäftigt!

Begonnen hatte er bei einem Schuhkarton aus dem untersten Fach unseres Kleiderschrankes, in dem alte Fotos waren, und die wurden jetzt dem Datum nach sortiert! Genauestens! Später erklärte er mir dann, dass das Aufräumen für ihn wie eine Schnitzeljagd ist. Du fängst an einer Stelle an, entdeckst dort etwas Neues, bringst das an den richtigen Ort, dort staunst du wieder über etwas und so weiter ... Schön ... Schwierig, wenn fünfzehn Minuten später die Vermieter zu Besuch kommen wollen.

Ich bin da eher wie „Nesthäkchen". In der Serie gab es diese eine Szene, in der sie nach lautem Protest ihr Zimmer aufräumen sollte, dementsprechend schmollend abzog, kurze Zeit später wieder erschien und stolz verkündete, sie hätte die Tat vollbracht. Hatte sie auch, und als ihr Vater (der gestrenge Dr. Braun) in ihrem Reich stand, war alles einwandfrei. Bis er den Schrank aufmachte, und sich alles, was sich vorher im Zimmer verteilt hatte, über die beiden ergoss. Nesthäkchens Papa war nicht begeistert, und es gab ordentlich Ärger. Aber ich fand ihre Lösung schon damals ziemlich praktisch. Sie hatte Schwerpunkte gesetzt, und das Zimmer war ordentlich.

Gut, diese Methode kann nicht die Dauerlösung sein, aber manchmal geht es halt nicht anders. Wofür gibt es schließlich Rumpelkammern und abschließbare Türen?

Worauf kommt es aber an? Wir müssen Schwerpunkte setzen. Und manchmal ist vielleicht gerade die Liebe zum Detail unser Schwerpunkt, und wir lassen alles andere stehen und liegen – dann aber bitte auch überzeugt und ohne schlechtes Gewissen. Doch manchmal verzichten wir vielleicht auf unsere Liebe zum Detail, weil anderes im Vordergrund steht – oder wir verschieben die Details.

Brillante, hochkarätige Frauen setzen Schwerpunkte. Sie wissen, was sie wie gewichten wollen. Worauf sie ihr Gewicht legen.

Das Pareto-Prinzip

Ganz praktisch hilft es mir in solchen Situationen immer, wenn ich mir das Pareto-Prinzip* bewusst mache. Es besagt, dass mit 20 Prozent Aufwand 80 Prozent der Wirkung erreicht werden. Das bedeutet also, wenn wir 100 Prozent aufwenden (es perfekt machen), erreichen wir nur etwa 20 Prozent mehr von dem, was eigentlich nötig ist – haben jedoch viel, viel mehr an Aufwand investiert. Das ist jetzt ein bisschen zahlenlastig, ich weiß. Aber schon einleuchtend, oder?

Wenn ich zum Beispiel für ein Seminar ein Handout erstelle, wende ich dieses Prinzip an. Das Blatt an sich ist relativ schnell mit allen wichtigen Infos konzipiert. Dann fällt mir ein, dass ich noch ein paar kleine Grafiken oder Bilder hinzufügen könnte (bei unserem Thema hier zum Beispiel einen Brillanten), dass ich eine noch viel schönere Schriftart suchen oder ein konsequenteres Layout wählen könnte, oder, oder, oder. Der Liebe zum Detail sind bekanntlich keine Grenzen gesetzt. Und fast immer kosten diese Kleinigkeiten noch viel mehr Zeit als die eigentliche Erstellung des Blattes. Das heißt jetzt nicht, dass ich nur schwarzweiße Kartoffel-Druck-auf-Klopapier-Handouts herausgebe, aber ich bremse mich immer wieder mit den Worten: „Es muss nicht perfekt sein." Es kann liebevoll sein und natürlich auch schön, aber es muss nicht perfekt sein. Brillant reicht!

---

* Vifredo Pareto lebte im 19. Jhdt. und beschäftigte sich mit Vermögen, Verteilung und Wahrscheinlichkeiten. Er beobachtete, dass ca. 20 % der Familien ca. 80 % des Vermögens besitzen (die sog. 80-20-Verteilung). Später wurde festgestellt, dass dieses Verhältnis auch auf andere Bereiche angewandt werden konnte. Mehr dazu in dem Taschenguide, Prof. Dr. J. Knoblauch u. H. Wöltje, Zeitmanagement, Haufe Verlag, 2003.

Dieses Prinzip können wir auf Handouts, Wohnung aufräumen, Sport, Schminken und Stylen (wie lange waren Sie schon mal mit einer einzelnen Haarsträhne beschäftigt?), Studieren und so weiter übertragen. Ich vermute, dass man es selbst aufs Bücherschreiben anwenden kann. Das versuche ich zumindest im Moment herauszufinden, und das ist gar nicht so einfach, kann ich Ihnen sagen!

(Gut, der Vollständigkeit halber jetzt noch ein Extrasatz für Lisa: Lisa arbeitet zur Zeit auf der operativen Intensivstation und ist dafür verantwortlich, dass ihre Patienten während einer OP still und friedlich – hundertprozentig – schlafen. Ich bin mir sicher, dass deine Patienten es dir sehr danken werden, wenn du sie hundertprozentig schlafen lässt und dich nicht mit einer achtzigprozentigen Narkose zufriedengibst. Das Pareto-Prinzip gilt also nicht ausnahmslos!)

Meine Schwerpunkte

Ich möchte noch einmal auf die Frömmigkeit zurückkommen. „Für Gott nur das Beste. Ihm kannst du nie genug geben." Dieser Satz hat mich lange Jahre geprägt. Und ich spüre, dass mich gerade in meinem Beruf solche Aussagen immer wieder unter Druck setzen wollen. Aber sie sind schlichtweg falsch!

Ich weiß, dass ich Schwerpunkte setzen muss. Denn schließlich hat auch Jesus selbst Schwerpunkte gesetzt, es nicht allen Recht gemacht und sich sogar für ein höchstes Gebot entschieden! Aus diesem Grund finde ich es ganz logisch, mir ihn zum Vorbild zu nehmen und mich für den Schwerpunkt, den er in aller Radikalität vorgelebt hat, zu entscheiden: Die Liebe.

Das höchste Gebot: *Du sollst Gott lieben und deinen Nächsten wie dich selbst. (Matthäus 22,37)*

Wenn ich mich und meinen Alltag betrachte, so erlebe ich, dass ich in allem, was ich tue (ob ich ein Referat halte, ein Camp vorbereite oder ein Buch schreibe), ersetzbar bin. Natürlich wird keiner meine Arbeit so tun, wie ich sie tue (ich bin ja einzigartig), aber ein anderer wird sie nicht schlechter machen. Gott wirkt – egal durch wen.

Betrachte ich aber meine Beziehungen, dann ist ganz deutlich, dass ich dort nicht ersetzbar bin. Das gilt für meine Ehe, meine Familie und meine Freundschaften. Und damit wäre eigentlich klar, dass hier meine Priorität liegen sollte. Ich weiß, es gibt viele fromme „Vorbilder", die ihre Familien und Freunde „für den Herrn" vernachlässigen. Ich möchte nicht so leben. Ich bin überzeugt, dass Gott mir die Menschen, die ich liebe, anvertraut hat. Und dass ich es ihm, ihnen und mir schuldig bin, zu lieben. Das ist der Bereich, in dem es Schwerpunkte zu setzen gilt.

Trauvers mit Missverständnissen

Als Simon und ich geheiratet haben, haben wir lange überlegt, welchen Trauvers wir nehmen. Er sollte etwas mit uns zu tun haben, mit unserer Geschichte, unserer Beziehung zu Gott und unserer Zukunft. Zwei kamen in die engere Auswahl: 1. Johannes 4,12 und 1. Johannes 4,18.

Schließlich haben wir uns für 1. Johannes 4,12 entschieden. Das Tückische an der Bibel ist allerdings, dass es dort einmal ein Buch gibt, das 1. Johannes heißt und einmal eins, das nur Johannes heißt – ohne die 1 davor. Das war unserem Goldschmied anscheinend nicht so geläufig, und so gravierte er fröhlich: Johannes 4,12.

Wir entdeckten das erst einen Tag vor der Hochzeit. Tja, was soll ich sagen: Laut Trauring lautet (auch heute noch) unser offizieller Trauvers: „Willst du etwa mehr sein als unser Vater Jakob? Er hat diesen Brunnen gegraben und er selbst, seine Kinder und sein Vieh haben daraus getrunken."

Gut, ich habe noch nicht herausgefunden, was das für unsere Ehe bedeuten könnte, aber ich bin sehr dankbar, dass wir uns nicht für 1. Johannes 4,18 entschieden haben. Denn dann hätte das Ergebnis gelautet (nach Johannes 4,18): „Fünf Männer hast du gehabt und der, den du jetzt hast, ist nicht dein Mann."

Obwohl ich glaube, dass die Bibel von Gott ist, eignet sich wohl doch nicht jeder Vers zum Trauvers. Aber eigentlich hatten wir ja 1. Johannes 4,12 ausgewählt und da steht: „Niemand hat Gott je gesehen, aber wenn wir uns untereinander lieben, bleibt seine Liebe in uns und kommt in uns zum Ziel."

Das heißt für mich: Wenn wir uns gegenseitig lieben, kommt Gott zum Ziel. Wenn wir uns gegenseitig lieben, können Menschen Gott erkennen.

Ich weiß, dass Liebe und andere Menschen zu lieben ein riesiges Thema ist, und mir fällt es schwer, es in nur so wenige Sätze zu fassen. Aber ich glaube, genau das ist der Schwerpunkt, den Gott will: Liebe leben. Ob in Ehen, Freundschaften oder Familien – Liebe leben.

Es kann nicht um immer bessere Programme, effizientere Lebensgestaltungsseminare, ausgefeiltere Wellnesswochenenden und tollere Gemeindehäuser gehen. Das kann es nicht sein. Wir müssen Schwerpunkte setzen. Brillante Frauen wissen, was wirklich wichtig ist. Und hier geht es nicht nur um unser Wohlbefinden oder um unser gelungenes Leben jetzt und hier. Nein, ich bin überzeugt, dass es weitreichende Folgen hat, welche Schwerpunkte wir jetzt setzen.

Weitreichende Folgen für unseren Alltag, für die Menschen um uns herum, aber auch für unsere Zukunft. Dafür, ob wir unser Ziel im Leben erreichen. Jesus sagt, dass irgendwann einmal alle Menschen in zwei Gruppen geteilt werden. Zu den einen wird er sagen: Kommt her! Zu den anderen: Geht mir aus den Augen! Und nach welchen Kriterien entscheidet er das?

Kommt her, sagt er zu denen, die folgendermaßen gelebt haben: „Als ich hungrig war, habt ihr mir zu essen gegeben. Als ich Durst hatte, bekam ich von euch etwas zu trinken. Ich war ein Fremder bei euch und ihr habt mich aufgenommen. Ich war nackt, ihr habt mir Kleidung gegeben. Ich war krank, und ihr habt mich besucht. Ich war im Gefängnis, und ihr seid zu mir gekommen" (Matthäus 25,31–46 HfA). Und erklärt dann: „Was ihr für meinen geringsten Bruder getan habt, das habt ihr für mich getan!"

Das Ziel ist die Liebe. Das höchste Gebot ist die Liebe, aus Liebe zu handeln. Es geht also nicht um einen aufopfernden Lebensstil, um ständige Action und möglichst viel zu tun. Sondern es geht um die Nähe zu Menschen, um Gastfreundschaft, um Gemeinschaft, darum, unseren Reichtum zu teilen. Das Ziel ist die Liebe.

Was ist Ihr Schwerpunkt? Perfekte Arbeit abzuliefern, das Leben irgendwie erfolgreich zu meistern, oder Liebe zu leben?

Wie oft habe ich schon Freunden oder meiner Familie, die noch nicht mal im Gefängnis saßen, einen Besuch verweigert, weil ich in einer frommen Mission unterwegs war? Ich weiß, viele Dinge kann man nicht gegeneinander aufwiegen. Und es gibt hier sicher eine Menge zu diskutieren. Ich kann nur sagen, was ich für mich beschlossen habe. Wie das ganz praktisch aussieht, ist immer noch eine andere Sache. Und wie hin und her gerissen ich oft bin, ist noch einmal eine andere Sache. Und wie oft es nicht funktioniert, wieder eine andere. Doch mein Schwerpunkt hilft mir oft zu entscheiden, was mir wichtig ist, wenn mir alles über den Kopf zu wachsen droht. Ich hoffe sehr, Sie verstehen, was ich meine.

Wir müssen nicht perfekt sein – wir können brillant sein. Brillante Frauen haben Gewicht.*

Hochkarätige Frauen wissen, worauf sie ihre Schwerpunkte setzen, was sie in ihrem Leben, ihrer Arbeit, ihren Beziehungen wie gewichten wollen. Brillant sein heißt, Gewicht haben.

Ein paar Minuten für mich:

Es ist sicher gut, wenn Sie sich jetzt mal die Zeit nehmen, Ihre „Lebensschwerpunkte" zu überdenken und zu ordnen. Das können Sie dann anschließend ganz konkret in der nächsten Woche umsetzen.

Was erwartet Sie in der nächsten Woche? Welche Herausforderungen, welche Aufgaben, welche Begegnungen?

Was ist Ihnen in dieser Zeit wichtig?

---

* Übrigens: je größer ein Diamant ist, desto mehr Schliff braucht er!

Worauf wollen Sie Ihre Schwerpunkte legen?

Wo stehen in der nächsten Woche Dinge an, bei denen Sie gut andere um Hilfe bitten können?

Wer wäre vielleicht sogar dankbar, fühlte sich geehrt, wenn Sie ihn oder sie um Hilfe bitten?

Warum haben Sie es bisher noch nicht getan?

Wo könnte Ihnen Ihr Hang zum perfektionistischen Detail unnötig viel Zeit und Kraft rauben?

Bei welchen Aufgaben und Herausforderungen der nächsten Wochen könnten 80 Prozent vollkommen reichen?

Clarity – die Reinheit eines Brillanten

So, wir kommen zum letzten C! Der Wert eines Brillanten wird festgelegt anhand seiner Farbe (Colour), seines Schliffs (Cut), seines Gewichts (Carat) und schließlich anhand seiner Reinheit (Clarity).

Brillanten werden in unterschiedliche Reinheitsgrade eingeteilt. Die wertvollsten sind die sogenannten lupenreinen – das sind die Brillanten, bei denen mit zehnfacher Vergrößerung keine Fehler entdeckt werden. Jetzt wird es extrem herausfordernd: Bei zehnfacher Vergrößerung keine Fehler. Haben Sie sich schon mal vor einen Spiegel gestellt, der alles, wirklich alles, zehnfach vergrößert? Lassen Sie es lieber, das ist wirklich kein Vergnügen.

Aber bleiben wir erst mal bei den Brillanten. Jeder Einschluss, jede Luftblase und jeder Riss beeinträchtigen die Transparenz, die Reinheit des Steins. Damit kann das Licht, das in den Brillanten hineinfällt, ihn nur stark geschwächt wieder verlassen, und auf diese Weise geht Glanz verloren. Der Wert ist gemindert. Lupenreine Brillanten sind die wertvollsten.

Jetzt ist es, laut Aussage des Goldschmieds, der unsere wunderbaren Eheringe hergestellt hat, so, dass die wenigsten Brillanten gar keine Einschlüsse haben. Fast jeder Brillant hat also irgendwelche Macken und seien es auf den ersten Blick noch so unscheinbare. Es gibt sogar Einschlüsse, die älter sind als der Stein selbst, um die er quasi herumgewachsen beziehungsweise „hineingewachsen" ist.

In dem Buch „Alle Edel- und Schmucksteine der Welt" von Walter Schumann steht zu diesem Thema:

Selbst Sprünge und Spaltrisse (sog. Fahnen), gleich, ob durch innere Spannungen oder äußeren Stoß entstanden, werden in Fachkreisen zu den Einschlüssen gerechnet. Man findet sie im Inneren wie auch bis zur Steinoberfläche reichend. Entlang solcher Risse können Luft und Lösungen in den Stein eindringen und farbverändernd wirken. Bei „Heilungsrissen" sind die Fremdsubstanzen zwar verdrängt, deutliche Narben verraten aber die alte Fuge. *

Ob die Verunreinigungen durch innere Spannungen oder äußere Stöße entstehen ist egal, sie gelten als wertmindernd. Ob sie schon vor dem Brillanten da waren oder nachträglich entstanden sind, darum kümmert sich keiner: Pech gehabt, lieber Brillant. Unrein ist unrein.

An diesem Punkt schreit mein Gerechtigkeitsempfinden auf: Was kann denn der Brillant dafür? Er hatte ja gar keine Chance! Ist nie gefragt worden, konnte sich nicht wehren und trotzdem kommt irgendein wichtiger Brillanten-Prüfer und sagt: Weniger wert. Das ist doch nicht fair!

Nein, fair ist es nicht. Und fair ist auch nicht, was dann weiter passiert: Da Brillanten eine sehr begehrte Ware und recht selten sind, versuchen so manche Händler die Fehler zu vertuschen. Lücken oder Risse werden zum Beispiel synthetisch behandelt und so verborgen. Dies erkennt man zwar nicht auf den ersten Blick, aber dieses Verfahren ist in Fachkreisen natürlich geächtet, wie mir der Goldschmied meines Vertrauens verriet. Oder Einschlüsse, wie beispielsweise kleine schwarze Kohlepunkte, können per Laser rausgeholt werden. Da-

---

* Prof. Dr. Walter Schumann, Edelsteine und Schmucksteine.
  Alle Edel- und Schmucksteine der Welt. 1500 Einzelstücke,
  BLV Verlagsgesellschaft mbH, 1989, Seite 48.

durch entsteht jedoch ein Loch, was für den Fachmann wiederum gleichbedeutend ist, denn ob schwarzer Punkt oder Loch, Fehler ist Fehler.

Und schließlich gibt es auch noch ein Diamanteninstitut, das Diamanten genauestens prüft und unter die Lupe nimmt. Den Fachmännern bleibt keine Unreinheit verborgen. Es ist also für einen Brillanten eine ganz schön hohe Herausforderung, wirklich lupenrein zu sein! Die Maßstäbe sind sehr, sehr hoch!

Also doch wieder perfekt?

Nun zu uns brillanten Frauen: Zehnfache Vergrößerung, lupenrein, keine Einschlüsse, keine Fehler und keine Unreinheiten. Wenn das so ist, dann kann ich persönlich mich wohl von der Brillanz verabschieden. Ganz ehrlich: Bei mir braucht es keine zehnfache Vergrößerung, bis Fehler und Unreinheiten zum Vorschein kommen – Einschlüsse, schwarze Punkte oder Risse.

Genau das ist doch mein Problem! Ich bin eben nicht perfekt – was soll jetzt dieser Salat mit der Lupenreinheit? Heißt das also doch wieder, dass ich alles perfekt machen muss – vor einem großen (göttlichen) Prüfungsinstitut bestehen muss, das dann über meinen Wert entscheidet?

Ich fühle mich nicht lupenrein. Ich weiß ganz genau um meine Einschlüsse, Unreinheiten, Risse und Fehler. Ich weiß um die Sprünge und Spaltrisse, um die inneren Spannungen und äußeren Stöße. Mir sind die Narben, die kleinen schwarzen Punkte ganz tief unten oder auch gut sichtbar an der Oberfläche, nur allzu bewusst. Die Dinge, die ich versucht habe zu entfernen, wo aber kleine Löcher bleiben und auch die Dinge, die schon vorher da waren, in die ich einfach „hineingeboren" wurde. Da sind die hässlichen Gedanken, der Neid, der immer wieder hochkommt, die Unversöhnlichkeit, meine spitze Zunge und so mancher Streit. Und ich bin froh, dass sich einige Dinge nur in Träumen offenbaren!

Klar, nicht an allem bin ich selbst schuld. Aber unrein ist unrein, das haben wir ja gerade gelernt, oder? Daraus folgt dann wohl die Bewertung: Nicht bestanden. Schade, Sie haben drei von vier Cs erreicht, aber beim Brillanten sind leider alle vier Cs gleich viel wert.* Weder perfekt, weder brillant – vielleicht schreibe ich lieber ein Buch zum Thema: Nicht perfekt – aber Bruchstein. Da stehen die Chancen besser.

Tja, was also tun?

Hilde, die Superputze

Vielleicht haben Sie schon von Hilde gehört. Hilde ist eine ältere, gestandene Frau aus dem Westerwald. Ordentlich und reinheitsliebend. Sie führt tatsächlich einen perfekten Haushalt. Bei ihr würde eine Fliege nie im Leben den Mut haben, sich auf ihrem Fenster niederzulassen, das Essen würde nie wagen, im Kühlschrank einfach so zu vergammeln und der Müll würde sich eher selbst rausbringen, als dass er riskieren würde, überzuquellen. Hilde führt das Regiment in ihrem Haushalt: streng und reinlich. Hilde ist verheiratet mit Horst.

Eines Tages bekommt der Westerwald elektrisches Licht (man nimmt an, das war 1998**). Das ist Horsts großer Auf-

---

* Zumindest im europäischen Bewertungssystem. In dem amerikanischen ist das Wichtigste, dass der Brillant funkelt – egal wie plump er sonst ist. Wie gesagt: Die Kulturen sind sehr unterschiedlich...

** Liebe Westerwälderinnen: Nein, natürlich nicht! Ist ein Scherz!

tritt: Begeistert verkabelt er das ganze Haus und installiert in jedem Zimmer Glühbirnen. Er schuftet den ganzen Tag und schließlich – draußen ist es schon dunkel – führt er seine geschätzte Hilde voller Stolz ins Wohnzimmer. Er knipst die Glühbirne an, und alles erstrahlt in hellem Glanz.

Und Hilde? Hilde ist entsetzt! Es springt ihr geradezu ins Auge: Ganz oben, rechts in der Ecke – sie kann es kaum fassen – leuchtet ihr ein riesiges, tiefschwarzes, kunstvoll errichtetes Spinnennetz entgegen. Das, was nie sein durfte, ist jetzt deutlich zu erkennen, nicht mehr zu verbergen.

Aber Hilde fackelt nicht lange. Sie dreht sich auf dem Absatz um, stapft in die Besenkammer, holt den größten Besen, den sie finden kann, kommt zurück, holt aus, zielt und – zerschlägt die Glühbirne. Mit ihr nicht!

Was also tun, wenn Unreinheiten ans Licht kommen?

Die eine Möglichkeit ist: Die Lampe zerschlagen. Als ich die Geschichte in einem meiner Vorträge erzählte, meinte eine Frau fast schon enttäuscht: „Ach, die Glühbirne – ich dachte, sie erschlägt Horst."

Auch keine schlechte Idee …

Wenn wir das Licht auslöschen, ein Schattendasein führen, bleiben sicher so manche Unreinheiten verborgen. Das ist eine Option, denn schließlich kann ein Brillant im Dunkeln nicht geprüft werden. Er kann fröhlich im Keller liegen, stolz darauf sein, ein unglaublich wertvoller Brillant zu sein, und niemand wird ihm je das Gegenteil beweisen können. Abgeschottet für sich selbst dahinlebend, wird er sich seinen Wert einreden.

Aber er wird auch nie funkeln. Niemand wird seine Schönheit bewundern. Sein Glanz wird nie jemanden zum Staunen bringen. Damit ein Brillant leuchten und funkeln kann, alle seine Facetten entfachen, das Feuerwerk spielen lassen kann, braucht ein Brillant nun einmal Licht.

Und genau das wollen wir ja. Genau das ist ein Teil unserer Berufung: Wir besitzen eine Schönheit, die bewundert werden will und soll. Wir besitzen einen Glanz, der die Menschen zum Staunen bringen darf, wir funkeln, leuchten, strahlen, sind erhellend, glänzend, prächtig und famos.

Also: Die Lösung ist weder die Glühbirne noch Horst zu zerschlagen. Die Lösung heißt: Raus aus dem Keller und rein ins Licht. Und zwar trotz Unreinheiten! Dann können wir etwas erleben, wie die Frau, in der folgenden Geschichte:

Sie wäre lieber im Dunkeln geblieben, denn sie hat versagt – total versagt. Flecken, Unreinheiten, Risse – das ganze Programm.

„Befleckt", wurde sie beschimpft. „Schlampe", wurde sie genannt. Und irgendwie trifft es das ziemlich genau.

Natürlich wusste sie, dass das, was sie tat, nicht richtig war. Sie wollte auch aufhören. Aber so einfach ist das ja nicht. Die Sehnsucht, einfach in den Arm genommen zu werden. Das Verlangen nach mehr. Der Reiz neuer Haut an Haut. Nein zu sagen, ist so schwierig. Wie hätte sie sich gegen etwas wehren können, wonach tief in ihr alles schrie?

Lange Zeit konnte sie es im Dunkeln halten, verborgen – fast wie einen geheimen Schatz. Zumindest konnte sie sich das einreden. Aber jetzt wissen es alle. Plötzlich kam Licht an die Sache. Das, was sie immer geheim gehalten hat, ist jetzt Stadtgespräch. Sie ist Stadtgespräch. Sie steht mitten im Rampenlicht. Jeder sieht die Unreinheiten. Klar weiß sie, dass andere auch nicht perfekt sind, dass sie nicht die Einzige ist, die …, aber das interessiert hier keinen. Es geht nicht um die anderen. Es geht um sie. Um ihren Wert – eindeutig Bruchstein.

Es ist ganz früh, die Sonne geht gerade erst auf, als sie durch die ganze Stadt gezerrt wird. Entlarvt und bloßgestellt von den Frommen, den Religiösen, den Prüfern. Sie zerren sie vor den Tempel. Na bravo, ausgerechnet vor diesen perfekten Ort, mit all seinen perfekten Menschen. Vor diesen Kreis der Heiligen. Da, wo man sich noch schlechter fühlt, als man es eh schon tut.

Und sie zerren sie vor Jesus.

Jesus, Religion, Tempel, Gott, Fromme, Heilige … hier vermischt sich alles. Sie kann es nicht mehr auseinanderhalten. Was ist auch schon der Unterschied? Hängt doch eh alles zusammen. Ohne Gott keine Heiligen, ohne Heilige keine Fromme, ohne Fromme keine Religion.

Religion ist das, was jetzt mit dem Finger auf sie, auf ihre dunklen Flecken zeigt: „Meister, diese Frau ist auf frischer Tat beim Ehebruch ergriffen worden. Mose aber hat uns im Gesetz geboten, solche (Frauen) zu steinigen. Was sagst du?"

Was soll er schon sagen? Der Fall ist klar. Das Gesetz ist klar. Religion hat klare Regeln. „Für Moral gemacht" – und die Moral hat sie zerstört. Wer die Ehe bricht, muss getötet werden. Das Böse muss ausgerottet werden. Das Böse ist in diesem Fall sie. Einschlüsse, Unreinheiten, Fehler müssen ausgerottet werden. Egal, wer schuld ist.

Da hat Jesus wohl keine andere Wahl. Er kann ja schließlich seinem Vater nicht widersprechen, oder? Was wird er tun: Hoch aufgerichtet mit gestrafften Schultern ihr Todesurteil verkünden?

Nein – Jesus geht in die Knie. Er fängt an, im Sand zu malen. Weicht er aus? Drückt er sich vor einer Entscheidung? Was macht der da unten?

Die Männer lassen nicht locker: „Was sagst du? Sollen wir?" Vielleicht klingt es eher wie ein: „Dürfen wir?" Dürfen wir das Dunkel entfernen, das Böse ausrotten, das, was unsere Reinheit bedroht, töten?

Endlich steht Jesus auf und sagt: „Wer unter euch ohne Sünde ist, der werfe den ersten Stein auf sie."

Dann kniet er sich wieder hin und malt weiter.

Der erste Stein ... Das ist nicht der Stein, der sie umbringen wird. Es ist der Stein, den sie am meisten spüren wird. Der Stein, der den anderen die Erlaubnis gibt, auch zu werfen. Bis zum letzten Atemzug. Der Stein, der alle anderen nach sich zieht. Einer muss den Anfang machen.

Und einer macht den Anfang. Nein, er wirft nicht, sondern er geht. Geht weg. Betroffen, nachdenklich, unsicher.

Einer hat den Anfang gemacht, und dann gehen auch die anderen. Gehen weg von ihr, die sie wegen ihrer dunklen Flecken verurteilt haben. Und gehen weg von Jesus, in dessen Gegenwart ihre eigenen Flecken plötzlich so deutlich wurden.

Und nun? Alle sind weg. Jesus kniet immer noch. Bisher hatte sie keine Wahl. Sie wurde erwischt, bloßgestellt, angeklagt. Jetzt muss sie sich entscheiden. Wenn sie sich jetzt ganz schnell umdreht und rennt – heute wird sie bestimmt keiner mehr aufhalten. Sie könnte sich in einer dunklen Ecke verstecken – dort wo sie keiner sieht, keiner prüft, keiner ihre Unreinheiten bloßstellt.

Aber sie bleibt. Bleibt im Licht. Bleibt auch in der Gefahr, denn schließlich ist Jesus immer noch derjenige, der sie verurteilen kann. Er ist immer noch der Perfekte, der ohne Schuld, der Sohn Gottes.

Sie bleibt. Atemlose Stille.

Dann steht Jesus auf und geht auf sie zu.

Ich kann nur erahnen, was in diesen Sekunden in ihrem Kopf abgegangen ist. Was sie gedacht, gefühlt, gespürt hat. Wenn sie überhaupt in der Lage war, irgendetwas zu denken. Vielleicht hat sie erst im Nachhinein verstanden, was dort wirklich passiert ist. Überschattet von Angst, Unsicherheit und Zweifel – vielleicht auch von Hoffnung.

Was kommt jetzt? Eine Moralpredigt? Eine Verwarnung: „Das war jetzt aber das letzte Mal. Wenn du dich noch ein-

mal erwischen lässt, dann ..."? Eine Aufforderung: „So, das habe ich für dich getan, was tust du für mich?"?

Nein, es kommt eine Frage: „Frau, wo sind sie?"

Gute Frage. Keine Ahnung, wo sie sich befinden und was sie gerade tun. Sie sind weg. Zurück in ihren eigenen dunklen Ecken. Dahin, wo sie keiner sieht, keiner auf ihre Fehler anspricht.

Die Frau ist sprachlos. Antwortet nicht.

Dann die nächste Frage: „Hat dich niemand verurteilt?"

Warum fragt Jesus das? Er hat es doch auch gesehen. Es war doch zu deutlich, wie sie einer nach dem anderen verschwunden sind. Aber vielleicht will er genau das aus ihrem eigenen Mund hören, will hören, dass sich wirklich niemand gefunden hat, der sie verurteilt.

„Niemand, Herr." Nein, keiner hat mich verurteilt. Ich bin keine Verurteilte. Alle, die hier waren, sind weg. Keiner hat mehr auf meine dunklen Flecken, meine Unreinheiten gezeigt. Alle sind weg. Alle, nur wir beide sind noch da. Und bei uns bin ich mir noch nicht so sicher, wie das weitergeht. Denn was soll ich von dir, Jesus, jetzt erwarten? Was kann ich erwarten?

Was ist mit den vielen Gesetzen? Vorschriften? Reinheitsgeboten? Mit der ganzen Religion? Niemand, Herr.

Und dann sagt Jesus zu ihr: „Ich verurteile dich auch nicht. Geh und sündige nicht mehr."

Jesus verurteilt sie nicht. Jesus hält ihr keinen Vortrag, keine Moralpredigt. Er will keine Details über das, was passiert ist, um die Schuldfrage ein für alle Mal zu klären oder um ein gerechtes Urteil zu sprechen. Er versucht noch nicht einmal, das Geschehene einzuordnen. Für ihn zählt nur eins: Ich verurteile dich nicht. Du kannst noch einmal von vorne anfangen.

Nicht perfekt – aber brillant

Diese Frau ist nicht perfekt, aber brillant.

Was macht sie zu einem Brillanten? Nicht der Ehebruch, oder die Tatsache, dass sie als Frau von Männern verurteilt wird. Auch nicht die Ungerechtigkeit, dass sie gesteinigt werden soll, der Mann, mit dem sie fremdgegangen ist, aber nirgends auftaucht. Und auch nicht, dass sie von den anderen zu Jesus gezerrt wird.

Nein, brillant macht sie dieser eine kleine Augenblick, den sie länger bei Jesus bleibt als die anderen. Dieser eine Augenblick, in dem sie es erträgt, im Licht zu sein, um Jesus persönlich zu begegnen. Dieser eine, unangenehme Augenblick, in dem man den Dreck sieht, sie aber weder die Glühbirne noch Horst erschlägt und auch nicht wegläuft. Dieser eine Augenblick, in dem sie einfach im Licht bleibt und hört. Hört, was Jesus sagt.

Jesus, dessen nächster Satz, den wir in der Bibel von ihm finden, lautet: „Ich bin das Licht der Welt, wer mir nachfolgt, wird nicht länger in der Finsternis sein, sondern wird das Licht des Lebens haben" (Johannes 8,12).

Die Männer machen es wie Hilde: Zuerst laufen sie raus aus dem Licht, weg von dem, der die eigenen Flecken deutlich macht. Und wenig später zerschlagen sie sogar das Licht: Sie schlagen Jesus ans Kreuz. Sie wollen sein Licht zerschlagen, weil es ihnen unerträglich ist, ihre Flecken zu sehen. Das Licht ist aus, der Dreck bleibt.

Ich spüre, wie nahe mir diese Reaktion liegt. Nicht unbedingt, Jesus ans Kreuz zu schlagen, aber wegzulaufen, Dinge schönzureden, den Rückzug anzutreten, wenn es mir unangenehm wird. Ich will lieber nicht so genau hingucken, wie dunkel so manche Punkte in mir sind. Also, erst mal raus aus dem Licht.

Ehrlich gesagt: Ich schwanke. Ich schwanke zwischen diesem Weglaufen, diesem lieber-nicht-so-viel-darüber-Nachdenken und zwischen einer Verzweiflung über mich selbst. Über meine dunklen Punkte, über mein Versagen, das immer wieder da ist. Es sind gar nicht die großen „Sünden der Vergangenheit", die mich belasten (wobei es da auch genug gäbe), es sind vielmehr die alltäglichen Flecken. Der Streit mit meinem Mann – nein, nicht der Streit an sich, sondern mein Verhalten in dem Streit. Wenn mein Temperament mit mir durchgeht. (Oh ja… das passiert!) Wenn ich Dinge bewusst sage, um ihn zu verletzen. Meine Ungeduld am Telefon, wenn ich mit bestimmten Leuten telefoniere, meine Gereiztheit, meine Unfreundlichkeit, meine neidischen Gedanken, meine Unsicherheit, die auf manche schnell arrogant wirkt.

Es sind die Momente, in denen ich weiß, jetzt habe ich jemanden verletzt, in denen ich es aber nicht über mich bringe, die Sache zu bereinigen. Das kann ein Satz sein, eine spitz formulierte E-Mail oder eine knappe Bemerkung am Telefon. Es tut mir hinterher oft so leid, drückt mich selbst so nieder, weil ich mir doch eigentlich vorgenommen hatte, nett zu sein. Und es trifft oft die Menschen, die mir besonders nahe stehen – meine Familie.

In solchen Augenblicken möchte ich gerne weglaufen, raus aus dem Licht, mich ablenken und mir die Sachen zurechtreden mit Sätzen wie: „Jeder hat mal einen schlechten Tag", „Wenn sie dich wirklich kennen, wissen sie, dass du es nicht böse meinst" und so weiter. Stimmt ja auch – aber besser wird es dadurch nicht.

Raus aus dem Licht. Der Brillant im dunklen Keller.

Die Frau aus der Bibel ist für mich ein Vorbild geworden: Sie stellt sich ganz ins Licht, und sie bleibt dort stehen. Sie hält es aus und hört dann die Sätze: „Ich verurteile dich nicht. Geh und sündige nicht mehr." Sie lernt damit etwas über das Licht der Welt. Das Licht, das stärker ist als jede Dunkelheit.

Licht, das in einen Brillanten einfällt und wieder ausdringt. Ein Licht, in dem dunkle Flecken sichtbar werden. Ein Licht, das alles deutlich macht, was nicht lupenrein ist. Ein Licht, in dem niemand seine Schuld verstecken kann.

Es ist aber auch ein Licht, das verspricht: „Wenn du bei mir bleibst, wird das Dunkel hell. Wenn du bei mir bleibst, wirst du nicht in der Finsternis sein. Wenn du bei mir bleibst, gibt es keinen Grund, im Keller zu sitzen."

Ein berühmter König stellte tausend Jahre vor diesem Ereignis fest: „Spräche ich: ‚Finsternis möge mich decken und Nacht statt Licht um mich sein, so wäre auch Finsternis nicht finster bei dir, und die Nacht leuchtete wie der Tag. Finsternis ist wie das Licht.'" (Psalm 139, 11–12)

Dunkle Flecken werden hell. Licht und Finsternis. Licht oder Finsternis.

Es hängt von einer einzigen Entscheidung ab: Bleiben oder gehen? Gehen wir zurück ins Dunkel wie die Männer, wie Hilde? Menschen, die ihre weiße Weste, ihre Religion so sehr hochhalten, denen deutlich wurde: Auch ich bin nicht lupenrein. Plötzlich stehen ihnen die eigenen Flecken vor Augen. Sie gehen und nehmen ihre Flecken mit. Sie lassen das Licht Licht sein und verkriechen sich lieber in die Dunkelheit und beginnen dann, gegen das Licht zu kämpfen. Nicht perfekt, nicht brillant.

Oder bleiben wir? Keine großen Worte, keine Verteidigungsreden. Die Frau bleibt einfach – mitsamt ihren Flecken. Sie ist nicht perfekt, aber brillant. Das Dunkel wird hell. Die Frau erlebt das Wunderbarste, erlebt etwas, das die Männer und Frauen, die gehen, nicht erleben, nicht hören – nur irgendwann später mal nachlesen konnten.

Ich habe mich so manches Mal gefragt, wo sie (es sind ja nicht nur die Ankläger gegangen, sondern auch all die Zuhörer, die Jesus vorher umringt hatten) wohl hingegangen sind. Was sie gemacht haben. Sie sind ja fortgegangen, weg vom Tempel, weg von Jesus, dem sie gerade noch begeistert zugehört hatten. Alle sind gegangen, nicht nur die, die sie angeklagt hatten. Auch die anderen, die schon vorher dagewesen waren, die von ihm hatten lernen wollen.

Sind sie um die nächste Häuserecke gebogen, um dann heimlich zu beobachten, wie es bei Jesus und der Frau weitergeht? Konnten sie vielleicht nichts hören, verstehen, haben aber gesehen, wie Jesus etwas zu der Frau sagte und ihr Gesicht plötzlich anfing zu leuchten, zu strahlen, zu funkeln? Und haben sie es bereut, dass sie einfach gegangen sind? Wünschten sie sich wieder dahin zurück, wünschten sie sich, auch so ein Leuchten im Gesicht zu haben wie diese Frau? So würde es mir zumindest gehen.

Wenn ich gegangen wäre und dann die Frau gesehen hätte – ich hätte mir in den Hintern gebissen!

Ich bin das Licht der Welt, wer mir nachfolgt, der wird nicht in der Finsternis wandeln, sondern wird das Licht des Lebens haben.

Jesus sagt: Ich verurteile dich auch nicht. Geh und sündige nicht mehr.

Nicht verurteilen, neu anfangen.

Das hat nichts mit Religion zu tun, das ist Liebe.

Einfach so ...

Warum spricht Jesus frei?

Einfach so?

Gut, ein paar Fragen bleiben natürlich noch. Besonders wenn wir vom Brillanten ausgehen. Denn auch wenn die Frau nicht verurteilt wurde, sind die Flecken doch noch da, oder?

Ich meine, wenn ich zu Hause rumzicke und Simon irgendwann sagt: „Ist schon okay, ich nehme es dir nicht übel", und gleichzeitig bei sich denkt: *Du bekommst ja schließlich deine Tage,* das aber freundlicherweise nicht ausspricht, tut mir das zwar gut und erleichtert mich, aber Vorwürfe mache ich mir trotzdem noch. Es ist dann ja immer noch nicht alles gut.

Lupenrein ist doch noch eine Stufe mehr als „nicht verurteilt", oder?

Wie ist das mit unserem Brillanten? Nur weil jemand ein Auge zudrückt, ist doch nicht plötzlich alles in Ordnung, oder?

Bettina im Parkhaus

Es war ein schöner, glücklicher Shopping-Nachmittag in Karlsruhe. Ich war gerade auf der Durchreise, hatte noch ein wenig Zeit und dachte mir: Ein paar Stündchen Stadtleben schaden sicher nicht. Mein Auto hatte ich im Parkhaus geparkt, es war strahlender Sonnenschein, und ich hatte beste Laune! Bis zu dem Zeitpunkt, als ich von meiner kleinen Tour mit ein paar Schnäppchen zurückkam und nach Hause wollte. Denn plötzlich merkte ich: Mein Parkhausticket war weg! Einfach verschwunden!

Normalerweise versuche ich mir zu merken, wo ich es hingetan habe, aber dieses Mal war es weg. Und langsam wurde ich nervös. Ich durchsuchte mein ganzes (zwar kleines, aber mit vielen tollen Verstecken ausgestattetes) Auto. Jacken, Taschen, Handschuhfach. Nichts! Ich mag solche Situationen nicht. Draußen war es so schön, so hell, so strahlend, und ich stand alleine in diesem dunklen Parkhaus, für immer verloren.

Nach der ersten Schockphase habe ich dann in wahrer Pfadfindermanier meine ganz realen Möglichkeiten abgecheckt: Ich musste an Mr. Bean denken, wie er hinter einem anderen Auto durch die Schranke rast. Das war mir zu riskant. Ich überlegte, mir unten einfach zu Fuß ein neues Ticket zu ziehen, aber wie sollte ich die Kameras ausschalten? Und mir kam der Gedanke, blitzschnell rückwärts durch die Einfahrt zu fahren, wenn ein anderes Auto gerade rein will, aber auch das konnte ich nicht ruhigen Gewissens durchziehen.

Also blieb mir nur eine Möglichkeit: Der elendige Gang zum Kassenautomaten, warten, bis niemand in der Nähe ist, um dann den roten Notrufknopf zu drücken. Ganz blöde Situation.

Erst kamen ständig Leute vorbei, sodass ich immer so tun musste, als würde ich eine SMS schreiben, aber dann war die Luft rein. Ich drückte, und zuerst passierte einmal gar nichts. Dann drückte ich noch etwas deutlicher, und irgendwann knurrte eine Stimme aus dem Apparat:

„Ja?"

Ich versuchte es erst mit einem netten Smalltalk, was vor einem Kassenautomaten allerdings etwas komisch wirkt, außerdem musste ich mich beeilen, denn ich wollte auf keinen Fall, dass mich jemand in dieser Lage sah.

Also brachte ich es raus: „Ich habe da ein Problem, ich ... meine Parkhauskarte ist weg…"

Natürlich kam in diesem Moment ein gut aussehender Typ und steckte lächelnd seine dämliche Parkhauskarte in den Automaten.

Mein Automatengegenüber antwortete zeitgleich: „Hm, da haben Sie ein Problem."

Das war mir auch vorher schon klar gewesen, deswegen nahm ich all meine weibliche Freundlichkeit zusammen und sagte: „Ja, da haben Sie recht. Können Sie mir bitte helfen?"

In dem Moment kam der nächste lächelnde Mann, und nach einiger Zeit dröhnte mein Automat: „Tja, dann muss ich wohl kommen – dauert aber einen kleinen Moment. Bleiben Sie, wo Sie sind."

Gut, weg konnte ich ja ohnehin nicht. Dieser kleine Moment entpuppte sich dann als gute Viertelstunde, in der ich in Ruhe die Gebührenliste auf dem Automaten studieren konnte: „Bei Verlust der Karte ist die Tagespauschale zu zahlen."

Mir wurde klar: Diese Tagespauschale habe ich nur in Form von H&M-Tops bei mir, aber keinesfalls mehr in bar. Und ich war mir nicht sicher, ob sie als Lösegeld zählen würden.

Schließlich kam ein älterer, wohlbeleibter Herr, der einen Gesichtsausdruck hatte, als hätte ich ihm gerade seinen wohlverdienten Schönheitsschlaf geraubt, zeigte kurz auf mich, nickte mir zu und fragte: „Hm?", was ich mir mit: „Sind Sie die reizende junge Dame, der ich gerne helfen würde?" übersetzte und bedeutete mir, ihm zu folgen.

Mir schwante nichts Gutes. Wir gingen durch ein paar „Zutritt-verboten-Türen", lange, dunkle Gänge entlang, immer tiefer in die verlassenen Dunkelheiten des Parkhauses, bis wir schließlich in einem kleinen Stübchen landeten, wo er sich hinter eine Glasscheibe und einem weiteren Automaten verbarrikadierte. Er brummelte etwas vor sich hin, tippte auf ein paar Knöpfen rum und druckte schließlich ein neues Ticket aus, das er mir wortlos hinhielt.

Ich fing an zu stottern: „Ah … vielen Dank und wie viel, also ich meine, ich habe nämlich, also H&M, äh … ?"

Aber er unterbrach mich nur mit einem Kopfschütteln und einem Gebrumme, das sich in etwa anhörte wie: „Machen Sie, dass Sie rauskommen – ist schon bezahlt."

Und das war's! Das war's! Ich hatte freie Fahrt!

Ich sage Ihnen, so glücklich bin ich noch nie aus einem Parkhaus gefahren! Rein ins Auto, bis zur Schranke, mit einem glücklichen Lächeln, das Ticket locker in den Automaten geschoben, die Schranke erhob sich und Bettina ab in den Sonnenschein! Wow! Neben mir immer noch meine neuen Tops, ich hatte sie nicht verkaufen müssen. Und unter den Tops entdeckte ich dann auch das Original-Parkhausticket! Ähm … wie das so plötzlich dahin gekommen war, ist mir allerdings immer noch ein Rätsel. Aber darum geht es ja jetzt auch nicht.

Tatsache ist: Dieser griesgrämige Typ hat mein Ticket für mich bezahlt. Ich war einfach zu blöd, zu blind oder zu verpeilt gewesen. Selbst schuld. Natürlich hätte er mir die Tagespauschale abknöpfen können – oder zumindest ein paar Euro. Hat er aber nicht.

„Machen Sie, dass Sie rauskommen – ist schon gezahlt."

Ich konnte nur mit einem bezahlten Ticket aus dem Parkhaus raus in die Sonne fahren. Hätte der Typ ein Ticket genommen und einen Smiley draufgemalt oder draufgeschrieben: „Sie kann nichts dafür – sie ist halt so", oder „Nicht so ernst nehmen", hätte mir das gar nichts gebracht. Das hätte der Automat an der Schranke niemals akzeptiert. Für den war nur wichtig: Bezahlt – freie Fahrt.

Es ist alles bezahlt

So – jetzt wieder zu unserer Frau und zu unserem Brillanten.

Ich bin überzeugt, das „Ich-verurteile-dich-Nicht" von Jesus war mehr als ein „Ist-nicht-so-Schlimm" und mehr als ein „Sie-kann-ja-nichts-Dafür". Ich glaube, um zu verstehen, was dieser Satz wirklich bedeutet, müssen wir in der Bibel noch ein paar Seiten weiterblättern. Und zwar zu der Stelle, an der beschrieben wird, wie Jesus am Kreuz gestorben ist und damit gezeigt hat: „Ich verurteile dich nicht – weil ich mich für dich verurteilen lasse."*

Ich habe das in meinem Buch „Ja klar – ich will frei sein" noch weiter ausgeführt, was für eine gigantische Bedeutung das für uns hat und wie teuer das für ihn war. Er hat für uns bezahlt. Er hat unsere Schulden übernommen. Und damit ist alles gut. Ich wiederhole den Satz noch einmal, weil er sich ein bisschen platt anhört: „Damit ist alles gut!"

Alles ist gut! Alles bezahlt. Keiner darf uns mehr verurteilen. Weder Gott noch andere Menschen, noch wir selbst. Denn es gibt nichts mehr an uns zu verurteilen.

Wenn wir in Gottes Licht bleiben, mit unseren Einschlüssen und Fehlern, macht er uns sauber. Sein Licht überwindet jedes Dunkel.

In der Bibel bringt es Johannes auf den Punkt: „Wenn wir unsere Sünden bekennen, ist er treu und gerecht und reinigt uns von aller Ungerechtigkeit" (1. Johannes 1,9).

Rein. Sauber. Vergeben. Da ist nichts mehr, was dunkel an uns ist. Jesus verurteilt uns nicht, weil er sich für uns hat verurteilen lassen.

---

* Nachzulesen in Matthäus 27

Jesus erwartet nicht, dass ich perfekt bin. Im Gegenteil, er sagt vielmehr: „Ich weiß um dein Versagen. Ich kenne dich. Aber wenn du bei mir im Licht bleibst, wenn du es aushältst und diesen Moment länger bleibst, dann reinige ich dich. Ich, das Licht der Welt. Ich reinige dich so sehr, dass selbst bei zehnfacher Vergrößerung keine Schuld mehr entdeckt wird, weil ich das alles für dich übernommen habe. Ich reinige dich. Du kannst noch einmal neu anfangen. Ich mache dich, dein Herz neu. Ich gebe dir ein neues Herz und dieses Herz ist gut. Kein Mensch darf dich mehr verurteilen. Du selbst brauchst dich nicht mehr zu verurteilen."

Ich glaube, Gott weiß, wie schnell wir dazu neigen, uns selbst zu verurteilen, die Fehler bei uns zu suchen und dann darin herumzupulen und zu quetschen wie an unterirdischen Pickeln. Deshalb steht in dem gleichen biblischen Buch: „Ich reinige dich", und: „Und wenn dein Herz dich verurteilt, ist Gott größer als dein Herz" (1. Johannes 3,20).

Brillant, oder?

Genau aus diesem Grund ist für mich diese Frau aus der Bibel so ein Vorbild. Vom Bruchstein zum Brillanten. Eine Frau, die jetzt lupenrein ist. Ganz praktisch heißt das für mich persönlich: Ich bin gut. Ich bin brillant – lupenrein.

Und auch wenn ich viele andere Botschaften in meinem Hirn und Herz habe, die mir immer wieder sagen wollen: „Nein, du bist eben nicht okay. Nein, du musst dich verändern. Nein, eigentlich ist dein Herz schlecht, du bist von Gott nur geduldet." Dann muss ich mir immer wieder sagen: „Das sind Sätze einer Religion. Sätze, die töten. Sätze, die beschweren. Sätze, die depressiv machen. Sätze, die gefangen nehmen."

Aber ich will keine Religion. Ich will wissen, was Gott selbst über mich denkt. Und von ihm höre und lese ich:

„Du bist rein."

„Ich verurteile dich nicht."

„Ich schenke dir ein neues Herz. Ein reines Herz. Ein brillantes Herz: Erhellend, glänzend, prächtig, famos."

Ich lese oder höre nicht: „Was tust du für mich?" Sondern erst mal einfach nur: „Aus dir strahlt mein Licht. Du bist meine Tochter. Mein Edelstein. Mein Brillant."

„Ich bin das Licht der Welt, und ich bringe dich zum Funkeln."

Ich habe mich entschieden, bei diesem Gott zu sein.

Ich habe mich entschieden, in den Momenten, in denen ich mich von mir und von anderen verurteilt fühle, diesen einen Augenblick länger zu bleiben. Alleine mit Jesus. Das Licht auszuhalten, um dann von ihm zu hören: „Ich verurteile dich nicht."

Um das zu hören, was die, die weggehen, nicht hören. Ganz persönlich, ganz direkt – nicht in einer Massen-E-Mail oder als Pauschal-Segen für alle an Ostern, sondern ich, Bettina, in meinem Alltag, in meinen vier Wänden. Ich, Bettina, höre in dem Moment, in dem ich versagt habe, in dem ich zickig war oder bin, in dem ich so viele dunkle Flecken sehe: „Ich mache dich lupenrein. Komm einfach zu mir. Du musst nicht perfekt sein, ich reinige dich."

Du bist mein Brillant. Ich mache dich lupenrein.
Du bist eine brillante Frau. Brillante Frauen sind rein.

Ein paar Minuten für mich:

Nehmen Sie sich doch nach diesem letzten C noch einmal ein paar Minuten für sich. Sind Sie lupenrein?

Ich habe hier noch einmal die Geschichte von der Frau im Originaltext aufgeschrieben, lesen Sie sie sich doch hier – oder auch in einer Bibel (Johannes, Kapitel 8) – noch einmal durch.

Jesus ging zum Ölberg zurück, doch schon früh am Morgen war er wieder im Tempel. Bald hatte sich eine Menschenmenge um ihn versammelt, und er setzte sich und unterwies sie. Während er sprach, brachten die Gesetzeslehrer und Pharisäer eine Frau herein, die sie beim Ehebruch ertappt hatten. Sie stellten sie in die Mitte.

„Meister", sagten sie zu Jesus, „diese Frau ist auf frischer Tat beim Ehebruch ertappt worden. Nach dem Gesetz Moses muss sie gesteinigt werden. Was sagst du dazu?"

Damit wollten sie ihn zu einer Aussage verleiten, die sie gegen ihn verwenden konnten. Doch Jesus bückte sich und schrieb mit dem Finger in den Staub. Aber sie ließen nicht locker und verlangten eine Antwort.

Schließlich richtete er sich auf und sagte: „Wer von euch ohne Sünde ist, der soll den ersten Stein auf sie werfen!" Damit bückte er sich wieder und schrieb weiter in den Staub.

Als die Ankläger das hörten, machten sie sich einer nach dem anderen davon, die Ältesten zuerst. Schließlich war Jesus allein mit der Frau, die noch immer an der gleichen Stelle in der Mitte stand.

Da richtete Jesus sich wieder auf und sagte zu ihr: „Wo sind sie? Hat dich keiner von ihnen verurteilt?"

„Niemand, Herr", antwortete sie.

„Dann verurteile ich dich auch nicht", erklärte Jesus. „Geh und sündige nicht mehr."

Jesus sagte zu den Leuten: „Ich bin das Licht der Welt. Wer mir nachfolgt, braucht nicht im Dunkeln umherzuirren, denn er wird das Licht haben, das zum Leben führt."

Welche Bereiche in Ihrem Leben, welche Gedanken, welche Handlungen, welche Sätze lassen Sie noch im Dunkeln?

Warum?

Sie können wie die Frau im Licht bleiben und Jesus bitten, dass er genau diese Punkte hell macht. Wie er das konkret macht, das können Sie ganz ihm überlassen.
Vielleicht hilft Ihnen dabei das folgende Gebet:

Jesus, du kennst mich. Du siehst die Dinge in meinem Leben, die nicht lupenrein sind. Es fällt mir so schwer, mit ihnen im Licht zu sein. Aber ich möchte sie dir jetzt geben. Und zwar ganz konkret:

_____ *und*

_____ *und*

_____

Sie können sicher sein, dass Jesus auch zu Ihnen sagt: „Ich verurteile dich nicht. Ich verurteile dich nicht, weil ich mich für dich verurteilen ließ. Und für dich und für die Dinge, die du oben genannt hat, gilt:

Wenn _____* ihre Sünden bereut und sie bekennt, dann darf sie darauf vertrauen, dass Gott seine Zusage treu und gerecht erfüllt. Er wird

_____** ihre Sünden vergeben und sie von allem Bösen reinigen."
1. Johannes 1,9

Vielleicht gibt es immer noch Dinge, die Sie schwer belasten. Dann ist es gut, mit jemandem darüber zu reden und damit bei einer Person, der Sie vertrauen, diese Lasten loszuwerden.

Sie dürfen wissen:

Wenn unser Herz uns verurteilt, ist Gott größer als unser Herz. 1. Johannes 3,20

---

* Tragen Sie hier Ihren Namen ein
** Hier auch.

Brillante Frauen – erhellend, glänzend, prächtig, famos

Nicht perfekt, aber brillant.

So, jetzt haben wir uns ein ganzes Buch lang mit Brillanten auseinandergesetzt. Brillanten, deren Wert anhand von vier Cs bestimmt werden: Colour – die Farbe, Cut – der Schliff, Carat – das Gewicht und Clarity – die Reinheit.

Ich wünsche mir von Herzen, dass dieses Buch nicht perfekt ist, sondern brillant und dass es für Ihr Leben ein kleiner Brillant geworden ist, nämlich erhellend, glänzend, prächtig und famos. Dass es Ihnen ganz praktisch hilft, wenn die täglichen Anforderungen auf Sie einprasseln, wenn Sie nicht wissen, wo Ihnen der Kopf steht, wenn Sie das Gefühl haben, es allen recht machen zu müssen, wenn Sie an Ihrem Wert zweifeln!

Wir müssen nicht perfekt sein!

Und ich wünsche mir so sehr, dass dieses Buch ein Geschenk für Sie geworden ist, eine Befreiung, in dem Bestreben immer alles richtig und es immer allen recht machen zu wollen.

Ich wünsche uns, dass wir brillante Frauen sind. Wertvolle Frauen. Frauen voller Farbe, die wissen, wie einzigartig und facettenreich sie sind. Frauen mit Ecken und Kanten, die geschliffen wurden und durch diesen Schliff ein wahres Feuerwerk in sich tragen. Hochkarätige Frauen mit Gewicht, die wissen, worauf sie ihre Schwerpunkte legen. Frauen, die rein sind – lupenrein, weil sie ein neues, gutes Herz haben, das im Licht der Welt funkelt!

Und ich bin überzeugt, wenn wir uns und unsere Freundinnen auf diese Weise als Brillanten wahrnehmen, hat auch Neid und Eifersucht keinen Platz mehr – selbst dann, wenn wir uns gegenseitig schleifen.

Es fällt mir gar nicht so leicht, dieses Buch abzuschließen. So manche Fragen bleiben noch, manche Dinge, die irgendwie doch noch gesagt beziehungsweise geschrieben werden müssten, einige Stellen, an denen noch gefeilt werden müsste, aber ich werde jetzt dennoch einen Punkt setzen und mit einem Zitat aus der Bibel abschließen:

Wir sind das Licht der Welt. Wie eine Stadt auf dem Berg, die in der Nacht hell erstrahlt, damit es alle sehen können. Wir verstecken unser Licht nicht unter einem umgestülpten Gefäß! Wir stellen es lieber auf einen Leuchter und lassen es für alle leuchten.
nach Matthäus 5,14–15

Also, lassen Sie uns funkeln und sprühen, andere mit erleuchten und das Feuerwerk in uns entfachen! Brillante Frauen sein: erhellend, glänzend, prächtig, famos.